Hope for Hurting Parents (Esperanza Para Padres Que Sufren)

Cuadernillo Para Padres

Tom y Dena Yohe

Hope for Hurting Parents

(Esperanza Para Padres Que Sufren)

Cuadernillo Para Padres

Derechos © 2020 Tom y Dena Yohe

ISBN: 978-1-945976-97-1

Cubierta por Doni Keene, Keene Ideas Creative, www.keene-ideas.com

Todas las citas de las Escrituras so de Reina Valera 1960 (RVR 1960). Todos los derechos reservados a nivel mundial.

Publicado por EA Books Publishing una división de
Living Parables of Central Florida, Inc. un 501c3
EABooksPublishing.com

DEDICATORIA

Queremos dedicar este manual a quien nos calificó para escribirlo, aquella persona sin la cual nunca hubiera sido posible hacerlo—nuestra hija, Renee.

Puede parecer extraño que se lo dediquemos justamente a la persona que nos puso en posición de necesitar este tipo de ayuda, pero para nosotros no es para nada extraño. Así es como Dios trabaja, invirtiendo lo que nosotros consideramos sabiduría. Él toma lo malo y lo convierte en bueno. Desde las cenizas, Él toma las partes más vergonzosas de nuestras vidas y crea algo de lo que podemos estar orgullosos.

Renee, tenerte en nuestras vidas nos ha dado la oportunidad de tener un crecimiento personal mucho más grande del que hubiéramos tenido sin ti. Como tus padres, hemos enfrentado nuestras fallas y debilidades, y hoy en día, no somos los mismos. Nuestra experiencia nos llevó a buscar algo que no habíamos podido encontrar y nos impulsó a construir algo nuevo de la nada.

Nuestra tragedia se convirtió en nuestro mensaje.

Nuestro dolor se convirtió en nuestra pasión.

Las cosas que vivimos como tu mamá y tu papá, nos llevaron a escribir esta Guía Del Facilitador Del Grupo De Apoyo Hope for Hurting Parents (Esperanza Para Padres que Sufren). Ahora, muchos otros padres lastimados, podrán recibir el mismo consuelo que nosotros recibimos de Dios.

"Alabado sea el Dios y Padre de nuestro Señor Jesucristo, Padre misericordioso y Dios de toda consolación, quien nos consuela en todas nuestras tribulaciones para que, con el mismo consuelo que de Dios hemos recibido, también nosotros podamos consolar a todos los que sufren. Pues, así como participamos abundantemente en los sufrimientos de Cristo, así también por medio de él tenemos abundante consuelo" (2 Corintios 1:3-5).

TABLA DE CONTENIDO

INFORMACIÓN GENERAL

Gracias 2

Conoce a Tom y Dena..3

El Libro de Dena 4

Misión 5

Lo Que La Gente Dice 6

Bienvenido Esperanza Para Padres Que Sufren: Que esperar del grupo 10

Normas Para El Grupo 12

SESIONES DE GRUPO

Sesión 1 Duelo y Pérdida 13

Sesión 2 Justificar 19

Sesión 3 Culpa 27

Sesión 4 Miedo 33

Sesión 5 Desprenderse 39

Sesión 6 Preocupación y Ansiedad 43

Sesión 7 Ira 49

Sesión 8 Resentimiento 55

Sesión 9 Dejando Ir 61

Sesión 10 Expectativas 65

Sesión 11 Protegiendo Su Matrimonio 69

Sesión 12 Protegiendo Su Hogar 73

Sesión 13 Impotencia y Control 79

Sesión 14 Comunicación...85

Sesión 15 Esperar 91

Sesión 16 Sobrellevando la Temporada de Fiestas...95

Sesión 17 Amor Valiente 101

Sesión 18 Perdón...107

Sesión 19 Gratitud...113

Sesión 20 Autocuidado 119

Sesión 21 Esperanza 125

Sesión 22 Resiliencia 131

APÉNDICES

La Oración de la Serenidad...138

El Padre Nuestro 139

Oración "Te Bendigo" 140

Declaración de Liberación 141

Ocho Verdades para Su Corazón 142

Descanso en la Victoria 143

Promesas 144

Libros y Recursos Recomendados 150

INFORMACIÓN GENERAL

GRACIAS

Gracias a todos los padres que se tomaron el tiempo para decirnos cuanta ayuda recibieron del Grupo de Apoyo Hope for Hurting Parents (Esperanza para Padres que Sufren). También estamos muy agradecidos con aquellos que nos escribieron para manifestarnos su deseo de tener un grupo como el nuestro. Dios los usó para impulsarnos a desarrollar esta herramienta para comenzar nuevos grupos.

Queremos agradecer a aquellos que nos ayudaron a hacer realidad este manual. Estas personas brindaron su sabiduría, habilidades y tiempo para editar nuestro trabajo: Gail Porter, Janet Richards y Patti Ordower. Pam Findley tuvo la idea de publicar esta Guía del Facilitador y El Cuaderno Para Padres que lo acompaña. Ella inspiró a otros, que generosamente dieron su aporte para ayudar a que esto fuera posible. Donni Keene hizo un magnífico trabajo diseñando la portada. Gracias a todos y cada uno de ustedes por su trabajo y esfuerzo en este proyecto.

Nuestra mas profunda gratitud es para Dios, que nos dio la dirección, sabiduría y perseverancia necesarias para trabajar fuertemente hasta terminar. El mantuvo nuestro enfoque en el ánimo, consuelo y esperanza que deseábamos que estos grupos de apoyo pudieran brindar a padres que están sufriendo.

"Un agradecimiento especial a nuestra traductora, Ana Múnera, cuyas horas de arduo trabajo hicieron posible esta traducción".

CONOCE A TOM Y DENA YOHE

Casados por treinta y nueve años. Tom (Master en divinidades 1979) y Dena tienen tres hijos y dos nietos. Sirvieron por diecisiete años en el ministerio pastoral y catorce con Cru (Cruzada Cristiana), parte de este tiempo en Moscú, Rusia.

La pasión de Tom y Dena por ayudar a padres lastimados proviene de su propia dolorosa jornada de diez años con su hija Renee, quien ha batallado con problemas de salud mental, adicciones y autolesiones. Ellos comenzaron a dirigir grupos para padres como ellos mismos desde 2009. En 2011 fueron co-fundadores de Hope for Hurting Parents (Esperanza para Padres que Sufren) www.HopeforHurtingParents.com. Varios años después, escribieron esta guía del facilitador, para ayudar a otros a comenzar grupos de apoyo.

Su misión es brindar consuelo, ánimo y esperanzas a padres que están sufriendo, para que pasen de sobrevivir a triunfar. Esto no se hace solo con los grupos de apoyo, sino también de muchas otras maneras: el blog de su página de internet, la suscripción a correos electrónicos de aliento, libros, sitios de internet y recursos recomendados. También reuniones personales, llamadas telefónicas, citas a través de Skype, oración de intercesión, redes sociales, charlas y seminarios son otras de las formas en las que ellos ofrecen ayuda a padres que sufren.

En julio de 2016, Dena publicó su libro: *You Are Not Alone: Hope for Hurting Parents of Troubled Kids* (No estás solo: Esperanza para padres de hijos problemáticos). Juntos han dado entrevistas para Radio y Televisión acerca de su ministerio y del libro de Dena. Ellos han aparecido en *Family Talk* con el doctor James Dobson, *Family Life* con Dennis Rainey y Bob Lepine, y *Focus on the Family* con Jim Daly y John Fuller.

La historia de la jornada de su hija Renee y su proceso de recuperación son parte del movimiento mundial llamado *To Write Love on Her Arms* (twloha.com) (*Escribir Amor en Sus Brazos*). En 2015, Sony lanzó una película que cuenta una versión ficticia de esta historia.

EL LIBRO DE DENA

You Are Not Alone

(No estas solo)

Esperanza Para Padres Heridos de Hijos con Problemas

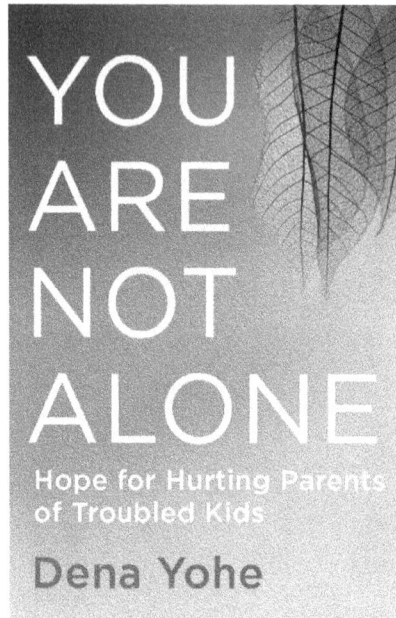

En su libro, Dena escribe desde su experiencia y ofrece:

* Ideas para mantener el bienestar emocional y espiritual cuando parece que el mundo se está derrumbando.

* Sugerencias para responder a amigos que no entienden.

* Formas saludables de mantener otras relaciones y más.

* Incluye oraciones, ejercicios, páginas de internet y otros recursos.

"Los padres de pródigos a menudo luchan con sentimientos de profunda soledad y alienación. En su conmovedor relato, Dena Yohe alienta con el recordatorio de que muchos otros padres también han estado allí. Su consejo sabio y lleno de compasión de verdad consuela y anima a muchas madres y padres heridos."

Jim Daly, Presidente de Focus on the Family (Enfoque en la Familia)

Disponible en cualquier lugar donde se venden buenos libros.

4

MISIÓN

Nuestra Misión: *Brindar apoyo, ánimo y esperanza a padres lastimados en su jornada de sobrevivir a triunfar.*

Nuestros grupos de apoyo existen para ofrecer amor y apoyo a los padres mientras se les equipa con las herramientas para ganar fortaleza y nuevas perspectivas.

- Experimentar Amor y Apoyo – no estás solo; estás seguro
- Ganar Fortaleza y Perspectiva – viviendo cada día con la vista en el panorama
- Mantener el Valor y la Esperanza – aun si las cosas no se resuelven, Dios todavía está allí
- Hacemos esto porque: con frecuencia los padres se sientes desanimados, desesperanzados y aislados cuando están lidiando con hijo/hijos "pródigo(s)" en la familia.

Nuestra pasión: *Un grupo de apoyo Hope for Hurting Parents (Esperanza para padres que sufren) en cada comunidad.*

Queremos alcanzar cualquier padre dentro o fuera de las paredes de la iglesia que esté lidiando con un hijo(a)*:

- Con problemas de abuso o adicción a las drogas o el alcohol (o cualquier otra adicción).
- Que tiene casos reiterados de delitos en la corte, o problemas con las autoridades del sistema escolar o que está preso.
- Que se hace daño físico como autolesiones (cortarse), intentos de suicidio o desordenes alimenticios.
- Que desafía los limites del hogar huyendo.
- Que participa en actividades sexuales, pornografía o tiene problemas de identidad sexual.
- Que tiene una enfermedad mental que no está superando adecuadamente, por lo cual toma decisiones destructivas.

*Este hijo(a) puede ser de cualquier edad, tanto adolescente como adulto.

LO QUE LA GENTE DICE

Padres

➤ "Realmente necesitaba esto esta noche. Estar con otras personas que me entienden y no me juzgan es muy liberador. Mi corazón se siente mucho menos pesado. De verdad necesitaba el tema del desapego. Todavía tengo mucho en lo que trabajar, pero ahora siento que puedo hacerlo!"

➤ "Hace cerca de cuatro años, me sentía muy sola en mi situación, viviendo un gran caos en mi vida, con mi hijo adicto a las drogas y al alcohol viviendo en mi casa. Sentí que estaba comenzando a caer en un patrón de internalización de todo lo que estaba sucediendo, sintiendo mucho enojo, tristeza, depresión y sin esperanzas de que las cosas pudieran cambiar. Decidí probar un grupo y tener la mente abierta. Si no funcionaba o era muy incomodo, no volvería.

➤ Me ayudó tanto, que decidí que seguiría asistiendo tanto como pudiera y esperaba con ansias la siguiente reunión. Los temas eran relevantes e interactivos. Fue muy sanador hablar sobre mi situación y mis sentimientos. Me gustó poder escuchar a otras madres que estaban sufriendo por sus hijos adolescentes o adultos."

➤ "De verdad aprecié tener el material impreso. Tenía algo tangible a lo que aferrarme y volver a ver en tiempos de crisis, brindándome Escrituras y esperanzas. Sobre todo, el grupo me apoyó con sus oraciones, lo que me ayudó a poner mi enfoque en la fortaleza de Dios y no el mía. Ahora me doy cuenta de que la situación de mi hijo no es irremediable."

➤ "No tenemos manera de agradecerles lo suficiente por su ministerio. El año pasado, mientras pasábamos las diferentes etapas de enfrentar las decisiones de nuestro hijo, ustedes estuvieron allí a nuestro lado. Su ministerio y su grupo han sido un verdadero refugio donde nosotros tomar el aliento."

➤ "Abrirnos las puertas de su hogar y ofrecernos su cálida hospitalidad, comentarios sin prejuicios, auténtica empatía y un hombro donde llorar, ha sido una verdadera bendición para nosotros (y no lo digo a la ligera). Y sabemos que ha sido así para muchos otros que han cruzado el umbral de su hogar. Su transparencia con su propia historia ha sido valiente y humilde. Nos han alentado de muchas formas y el fuerte vínculo de dolor que nos une a ustedes dos, no podemos tenerlo con ninguna otra persona en nuestras vidas."

➤ "Fue un placer estar en el grupo. Es reconfortante saber que uno no está solo. Fui animado y encontré muy útil el folleto. Estoy agradecido de estar en un grupo donde las personas pueden compartir abiertamente sin sentirse juzgadas. Ha sido un largo camino y la reunión de ayer me llenó de ánimos. Estoy realmente contento y siento mucha paz sabiendo que tengo un lugar seguro con otros que comparten el mismo tipo de luchas."

Facilitadores de Grupo

➤ "Gracias por su ministerio. Nuestro grupo va bien. El manual fue enviado por Dios. Por favor, continúen haciendo este trabajo."

➤ "El contenido es muy rico y lleno de sabiduría. Nosotros hemos sentido que el material es profundo y útil para nuestra jornada. Muchas veces hemos compartido lo "preciso" que ha sido el material, ayudándonos a navegar este territorio desconocido."

➤ "Hay temas muy relevantes en su manual. Creo que cada padre que esta viviendo este tipo de situaciones puede identificarse con ellos en algún punto de su jornada con un hijo adulto.

➤ Liderar un grupo de Hope for Hurting Parents (Esperanzas Para Padres Que Sufren) ha significado mucho para mí. Dios sigue dirigiéndome a otros que están sufriendo. Dios ha usado mi situación para darme más compasión y alentar a otros en situaciones similares.

➤ Una dama de mi grupo comentó, "Todo el mundo necesita un grupo cómo Hope For Hurting Parents (Esperanzas Para Padres Que Sufren)" Tiene razón. He hablado con damas en otros estados que nunca habían escuchado sobre el grupo y están interesadas en tener uno. Hay necesidad de más grupos cómo este, donde brindarse amor, apoyo, oración y ánimo unos a otros en medio de las batallas."

Líderes y Ministros de Iglesias

➤ "Un grupo Hope for Hurting Parents (Esperanzas Para Padres Que Sufren) provee apoyo inmensurable, guía, esperanzas y cuidado a sus asistentes. He sido testigo del profundo afecto que este grupo provee a padres heridos de nuestra iglesia local."
   Berry Johnston - Pastor of C.A.R.E. Ministries, Discovery Church, Orlando, FL

➤ "He tenido el privilegio de conocer a Tom y Dena Yohe y su ministerio. Hope for Hurting Parents (Esperanzas Para Padres Que Sufren). Los Yohe tienen un tremendo testimonio y son fieles testigos del poder sanador de Cristo. Nosotros, en la Iglesia Metodista Unida Nuevo Pacto (New Covenant United Methodist Church) tenemos en este momento, dos grupos Hope for Hurting Parents (Esperanzas Para Padres Que Sufren). Siempre estamos buscando su consejo sabio y su asesoría a medida que avanzamos en este proceso. No se me ocurren mejores representantes del Reino con los que recorrer este camino, que los Yohe."

Ellen Pollock – Directora de Congregational Care Ministry,
New Covenant United Methodist Church, The Villages, FL

➤ "La belleza de lo que sucede en el grupo de apoyo Hope for Hurting Parents (Esperanzas Para Padres Que Sufren) ha sido de gran inspiración para nosotros en Village View Church. El grupo es un lugar seguro donde los asistentes pueden dejar salir su dolor y llenarse de la esperanza que necesitan para continuar el siguiente día, con la fortaleza de Jesucristo guiándolos cada paso."

Deb Williams –Ex-pastora Recovery and Support Ministries Pastor,
Village View Community Church, Summerfield, FL

➤ "Tom y Dena Yohe han vivido los altibajos, dolores y alegrías de la vida con un hijo pródigo. Todo lo que ellos han aprendido, ahora está sirviendo para ayudar a muchos otros a través de su magnífico ministerio Hope for Hurting Parents (Esperanzas Para Padres Que Sufren). Ellos no solo tienen consejo sabio sino también poderosas oraciones."

Judy Douglass – Escritora, Oradora, Animadora, Fundadora de Prayer for Prodigals
Campus Crusade for Christ, International (Cru)

➤ " Me gustaría recomendar el ministerio de Tom y Dena Yohe, Hope for Hurting Parents (Esperanzas Para Padres Que Sufren). En palabras de un padre asistente a uno de los grupos pequeños, "Yo amo a estas dos personas. Me han ayudado mucho a entender mi rol como padre. Siento que realmente de han ayudado. Es muy importante asistir a estas sesiones."."

Pastora Marty Shea - Senior Pastor,
Village View Community Church, Summerfield, FL

Profesionales de Salud Mental

➤ "Tom y Dena son apasionados y dedicados a su causa. Ellos pueden identificarse personalmente con padres que batallan por criar y lidiar con hijos difíciles. Ellos también ayudan a familias con hijos adultos que todavía tienen problemas. Me encanta lo que están haciendo y quiero seguir viendo crecer su ministerio para que puedan ayudar a tantas familias que están sufriendo como sea posible."

Debbie Haughton – Consejera Licenciada en Salud Mental,
Orlando Counseling Services, Orlando, FL

➤ "Estos grupos brindan un espacio seguro donde padres que están sufriendo pueden sentir, compartir y animarse unos a otros en su jornada a través de los desafíos parentales con hijos tanto adolescentes como adultos. Los grupos son cálidos, íntimos y confidenciales. Los facilitadores, llevan a los padres con esperanzas a través de sus múltiples recursos. Refiero con frecuencia a padres lastimados a *Hope for Hurting Parents* (Esperanzas Para Padres Que Sufren). Como una parte crucial dentro de su proceso de sanación. ¡Estoy emocionada de ver este grupo multiplicarse y bendecir a otros

Tanya Alvarado, MA, LMHC, New Path Counseling, Orlando, FL

> "Nadie debería sufrir solo. Estos grupos de apoyo fueron designados para unirse a padres que están sufriendo. Son seguros y los padres pueden siendo ellos mismos, para recibir amor y apoyo sin ser juzgados. No conozco ningún otro grupo como éste. Personalmente, me sentí animada y apoyada en oración durante los días más difíciles de mi jornada de madre y hoy en día todavía encuentro ese continuo apoyo. Es un don poder ayudar a otros a llevar sus cargas y compartir su dolor uno al lado del otro. Es una experiencia de Jesús estar presente para sanar corazones quebrantados."

Nancy A. Johnson, EdD, LMHC

> "Como padre de dos hijos que luchan con problemas de salud mental, conozco personalmente el valor de tener una red de apoyo cuidadosa y bien informada. Este grupo brinda eso y mucho más. Las conversaciones son abiertas y honestas; la información compartida es práctica y comprensible; las relaciones que se crean son invaluables. Recomiendo encarecidamente este grupo a mis clientes que son padres que quieren saber cómo amar a sus hijos en tiempos difíciles."

Mike Wilcox, M.A., M.A., LMHC

BIENVENIDO(A) A *HOPE FOR HURTING PARENTS* (ESPERANZA PARA PADRES QUE SUFREN): QUE ESPERAR DEL GRUPO

Le aplaudimos por admitir que necesita ayuda y venir a uno de nuestros grupos de apoyo. De nuestra propia experiencia personal cómo padres lastimados, creemos que es lo mejor que puede hacer por usted mismo. Esperamos que descubra pronto de cuanta ayuda es estar con otros padres que entienden, que comprenden lo que usted está pasando. A diferencia de la mayoría de amigos y familia, ellos sí saben cómo se siente. Este grupo puede ser una maravillosa fuente de ánimo y apoyo.

Hemos andando este camino oscuro y difícil. Sabemos lo solitario que puede ser. Por eso, en 2009, comenzamos nuestro primer grupo de apoyo. Queríamos ofrecer un ambiente seguro, confidencial, de aceptación y cuidado para padres cuyos hijos les estén causando dolor y angustia.

¿Cuál es el foco de este grupo?

El foco es usted, el padre/madre. Es ayudarle a procesar sus sentimientos sobre la situación con su hijo(a), para que usted pueda estar emocional y espiritualmente sano(a). Esto puede decepcionarle, pero este grupo no es un lugar para aprender como arreglar o cambiar a su hijo o hija. Desearíamos poder hacerlo, pero no podemos. Este es un lugar donde usted puede ser auténtico y real, ser aceptado tal cómo es y nadie va a menospreciarle.

¿Para quién es este grupo?

Este grupo es para padres cuyos hijos (adolescentes o adultos de cualquier edad) están tomando decisiones disfuncionales y profundamente problemáticas. Como padres, generalmente estamos muy cerca de la situación cómo para tomar las mejores decisiones. A veces las situaciones están mucho mas allá de nuestra habilidad para entenderlas o enfrentarlas. No tenemos idea de cómo ayudarles, mucho menos de como ayudarnos a nosotros mismos.

Este grupo no es para padres cuyos hijos simplemente están comportándose mal: no haciendo sus deberes escolares o discutiendo. Es para padres cuyos hijos están involucrados en adicciones y conductas destructivas: abuso de sustancias (drogas o alcohol), desórdenes alimenticios, problemas de identidad sexual, autolesiones, problemas de salud mental, problemas con la ley, etc.

¿Debo asistir a todas las reuniones?

No. Asista cuando pueda o sienta que lo necesita. Sin embargo, entre mas asista, mas se fortalecerás y ganará mayor sanidad.

¿Por qué necesito este cuaderno?

Este cuaderno provee el contenido que será usado en las actividades y discusiones durante las reuniones. Cada sesión incluye una página para tomar notas o llevar un diario de sus propios pensamientos. Estas notas pueden ser una parte valiosa de su jornada.

Es nuestra oración que este grupo usted encuentre el ánimo, el consuelo y la esperanza que ha estado buscando.

Tom y Dena Yohe, co-fundadores de *Hope for Hurting Parents* (Esperanza Para Padres Que Sufren)

NORMAS PARA EL GRUPO

1. Este grupo no es un estudio Bíblico, pero hacemos referencia a las Sagradas Escrituras. No es un grupo de oración, pero oraremos por ustedes y sus hijos. Y este no es un lugar para encontrar como sanar a sus hijos, pero lo que aprenda, puede ayudar en el proceso.

2. Este grupo es para usted, padre o madre. Usted es el centro. Este es un lugar para usted procesar sus sentimientos, hablar sobre las luchas que está teniendo con su hijo(a), crecer personalmente y ser animado por personas que comparten el mismo dolor.

3. Este grupo es un lugar seguro y confidencial. Lo que se dice aquí se queda aquí y a quien conozca aquí, se queda aquí. Sin embargo, usted es bienvenido a compartir los principios que aprenda en este lugar. Si usted ve a alguien del grupo en un lugar público, tenga cuidado de no hacer comentarios respecto a la situación de su hijo que pueda avergonzarlo o comprometer su privacidad.

4. Este grupo es una zona libre de juicio. Nos ofrecemos aceptación incondicional unos a otros. No estamos aquí para comparar las situaciones de cada uno o para invalidar el dolor de cada quien, minimizando lo que cada persona está viviendo.

5. Nuestra meta es ser tan buenos escuchas como sea posible. Por favor no nos interrumpamos unos a otros ni ofrezcamos consejos no solicitados. Si se le pregunta, usted puede ofrecer sus ideas o pensamientos, de lo contrario, hable con la persona después de la sesión.

6. No es mandatorio compartir o hablar en el grupo. Participe solo si lo desea, pero por favor sea consciente del tiempo cuando comparta, así todos los asistentes tendrán la oportunidad de hablar.

7. Asista cuando pueda. No necesita decirnos si puede venir o no.

8. Puede que no todo lo que escuche aplique a su situación. Le animamos a que tome solo lo que sea útil para usted.

9. Lista de contactos: cada vez que nos reunamos, pasaremos una hoja de papel para que escribe su nombre número de teléfono y/o dirección de correo electrónico. Queremos que cree conexiones con otros asistentes para que puedan seguir apoyándose fuera del grupo. Asegúrese de tomar algunos nombres y números o simplemente, tome una foto de la lista con su teléfono celular.

10. Este es un grupo flexible, abierto a la comunidad. En cualquier momento pueden seguir añadiéndose más personas.

Sesión 1

DUELO Y PÉRDIDA

DUELO Y PÉRDIDA

Definición

Definición de Dictionary.com: "sufrimiento mental agudo o angustia por la aflicción o la pérdida; dolor agudo; lamento doloroso". Es la respuesta emocional normal ante una pérdida importante, no solo por muerte; puede ser también la pérdida de salud (diabetes, cáncer, etc.), de un trabajo, un aborto o un divorcio. Es el proceso de ajuste frente a una pérdida significativa; cada persona procesa de distinta forma (personalidad, experiencias pasadas, etc.).

Los padres heridos también experimentan luto y pérdida; no necesariamente por muerte, pero por la pérdida de la relación, la pérdida de los sueños e ilusiones que tenían para su hijo o hija. Las personas experimentan una amplia gama de sentimientos y síntomas.

Las Cinco Etapas del Duelo (Según Elisabeth Kubler-Ross)

1. Shock, sorpresa (No puedo creer que esto esté ocurriendo.)

2. Negación (Mi hijo no haría algo así); Negociación (Dios, si tú haces esto_____, yo haré esto_____)

3. Ira (¿Por qué me está pasando esto? ¿Qué hicimos mal?)

4. Depresión (Me siento muy triste para ir al trabajo. ¿Volveré a reír algún día?

5. Aceptación (Estoy conforme con lo ocurrido o con lo que sea que vaya a ocurrir.)

El duelo es un proceso que toma tiempo.

Es posible tanto saltar como volver a alguna de estas etapas. A veces puede que se sientan adormecidos, culpables, ansiosos, temerosos, incapaces de concentrarse, con deseo de abandonar, irritables, olvidadizos, extremadamente fatigados, inquietos, con problemas de salud empeorando o con otros nuevos.

Posibles síntomas físicos: mareo, taquicardia, nudo o dureza en la garganta, presión en el pecho, dolores de cabeza, insomnio, pérdida o aumento del apetito.

"¿Cuál de estas cosas ha sentido?" Son señales de que usted está experimentando un duelo

Tres Preguntas Para Ayudar a Procesar el Duelo

1.¿Que ha perdido usted?

Posibles respuestas: esperanzas y sueños para sus hijos(as); lo que pudieron ser, graduarse de la escuela superior o de la universidad; tener un trabajo; casarse; nietos; una relación amorosa cercana; recursos financieros (en consejería, rehabilitación, doctores, abogados, cargos, etc.); bienes (cosas robadas, desaparecidas o que terminaron en casas de empeño); tiempo de trabajo; sueño, salud; amistades; paz, su matrimonio; relaciones con otros hijos, su reputación. Si uno no es cuidadoso, puede incluso perder su fe.

2.¿Qué le queda?

Repuestas Posibles: otras relaciones —cónyuge, otros hijos, amistades; su relación con Dios; el trabajo y pasatiempos; su vida—todavía tienen una. Usted tiene un propósito. ¿Cómo puede usar esto para bien?

No deje que su hijo se convierta en el único foco de su mundo. Tiene que retomar su vida, con gozo y paz otra vez."

3.¿Cómo puede enfrentar la situación?   Estos son tres pasos para ayudar a llevar un duelo saludable.

- Aprenda a aceptar que su pérdida es real y que está de luto.

  - Ha perdido algo significativo e importante.

  - No puede recuperarlo; su vida ha cambiado para siempre; no volverá a ser el mismo.

  - Tome tiempo para recordar las cosas buenas del pasado. No todo fue malo.

- Dese permiso para sentir el dolor.

  - Es emocional y físico; no puede evitarlo; no lo reprima ni lo niegue. Permítase sentir el dolor y déjalo salir. La negación puede enfermarle o prolongar el proceso del duelo.

  - Está bien distraerse, pero no por mucho tiempo—trabajando más horas, manteniéndose ocupado, comiendo más.

  - No lo minimice o trate de escapar—durmiendo más o automedicándose.

- Hable con un amigo de confianza, lleve un diario si le gusta escribir, exprésese de maneras creativas con el talento que tenga.

- Acostúmbrese a su nueva realidad

    - Es emocional y físico; no puede evitarlo; no lo reprima ni lo niegue. Permítase sentir el dolor y déjalo salir. La negación puede enfermarle o prolongar el proceso del duelo.

    - Mueva su foco hacia otras personas y actividades saludables.

    - Trate de continuar con su rutina diaria tanto como sea posible.

    - Dese permiso para llorar o enojarse; siéntase como desee sentirse. No hay problema, está bien.

    - Hable de cómo se siente; no permita que otros le digan cómo se debe sentir.

    - Cuídese—haga ejercicio, tome siestas si lo necesita, coma saludablemente y descanse adecuadamente.

    - Pida ayuda si la necesita —consulte a un consejero o a su pastor; visite al médico para un examen general; puede necesitar medicamentos por un tiempo.

En su libro *The Other Side of Sadness (El Otros Lado de la Tristeza)*, George Bonanno afirma que "El luto no es estático, sino que envuelve oscilaciones." Estos son períodos o ciclos en que se fluctúa entre la risa, incluso la alegría, en medio de oleadas de tristeza. Las emociones positivas y la sonrisa traen un poco de alivio. Aunque puede sonar contradictorio, su estudio encontró que aquellos que tienen esta capacidad, tienen duelos más saludables y son más resilientes.

Es importante que aprendamos a tener un buen duelo porque es fundamental para nuestra supervivencia y para encontrar alegría en tiempos difíciles. De lo contrario, viviremos en derrota y perderemos nuestra alegría.

Sagradas Escrituras:

Salmo 34:18: "Cercano está Jehová a los quebrantados de corazón; y salva a los contritos de espíritu."

2 Corintios 1:3–4: "Bendito sea el Dios y Padre de nuestro Señor Jesucristo, Padre de misericordias y Dios de toda consolación, el cual nos consuela en todas nuestras tribulaciones, para que podamos también nosotros consolar a los que están en cualquier tribulación, por medio de la consolación con que nosotros somos consolados por Dios."

Proverbios 17:22: "El corazón alegre constituye buen remedio; mas el espíritu triste seca los huesos."

Apocalipsis 21:4: "Enjugará Dios toda lágrima de los ojos de ellos; y ya no habrá muerte, ni habrá más llanto, ni clamor, ni dolor; porque las primeras cosas pasaron."

NOTAS

Sesión 2

JUSTIFICAR

JUSTIFICAR

Definicion

Justificar y patrocinar es reaccionar de tal forma que se evite a una persona experimentar todo el impacto o consecuencias dañinas de su comportamiento. Justificar difiere de ayudar en que permite a la persona ser irresponsable. (Celebrate Recovery)

Justificar (y patrocinar) es hacer por una persona lo que podría y debería hacer por sí misma. Ayudar es hacer por una persona lo que no puede hacer por sí misma.

Comportamientos Justificadores

Cambiar no es fácil. Nuestros comportamientos justificadores pueden ser un patrón que hemos tenido por mucho tiempo. Debemos decidir lo que vamos a hacer. Recuerden que justificar y patrocinar puede ayudar a nuestros hijos a negar sus problemas más profundos. Si hemos jugado un papel en esto, debemos parar.

Hebreos 12:11: "Es verdad que ninguna disciplina al presente parece ser causa de gozo, sino de tristeza; pero después da fruto apacible de justicia a los que en ella han sido ejercitados."

Por qué Justificamos y Patrocinamos

Como padres, justificamos porque:

- Confundimos ayudar con justificar.

- Amamos demasiado, muy estrecho y muy condicionalmente.

- Tememos por la seguridad de nuestros hijos, las consecuencias y las posibilidades.

- Nos sentimos culpables de lo que hicimos o de lo que no hicimos.

- Nunca enfrentamos nuestros propio doloroso pasado, incluyendo abandono, abuso, adicciones y otras circunstancias dolorosas que nos hicieron lo que somos hoy día.

- Tendemos a ser así por nuestros rasgos de personalidad.

- Es lo que siempre hemos hecho (habito).

- Es más fácil que cambiar.

- Parece que es lo correcto.

- Pensamos que, debido a sus adicciones, nuestro hijo es discapacitado.

- En nuestra corta vista, no sabemos nada mejor.

(Conceptos de *Setting Boundaries with Your Adult Children (Estableciendo Limites Con Tu Hijo Adulto)* by Allison Bottke)

Identificando Nuestros Propios Problemas

Debemos preguntarnos a nosotros mismos estas difíciles preguntas para entender por qué justificamos y patrocinamos. Se necesita valor para identificar los problemas propios.

1. ¿Qué recompensa obtiene de justificar y patrocinar?

2. ¿Qué necesidad está llenando en su vida?

    - Siente que he sido útil.

    - Me hace sentir mejor.

    - Necesito tener el control.

    - Se siente bien.

    - Me gusta ayudar.

    - Yo soy de los que arreglan las cosas.

    - Parece amor—Si hago estas cosas, tal vez ellos me responderán de forma amorosa.

    - Creo que me garantizara su aceptación.

    - Estoy protegiendo mi orgullo y buena reputación (y la suya)—si ellos fallan, yo voy a parecer un mal padre. ¿Qué van a pensar los demás de mi—de ellos?

Debemos trabajar en nuestra propia sanidad. Cuando no necesitemos reconocimientos o recompensas por hacerlo, entonces encontraremos la fuerza para decir, "No, lo siento _____, pero decidí que no puedo o no voy a ayudarte más con eso. Pero estoy seguro de que resolverás el problema por ti mismo. ¡Puedes hacerlo!"

Recuerden, cuando dejamos de justificar, puede que aquellos que nos rodean cambien también, pero no hay garantía de que nos vayan a gustar dichos cambios. Necesitamos dejar de justificar y patrocinar porque es lo correcto, porque es lo mejor para nosotros y no sólo por cómo esperamos que afecte a nuestro hijo.

Cuatro Recordatorios:

- Cambiar no es fácil. Podemos orar por el poder para hacerlo.

- Al no patrocinar ni justificar, podemos ayudar a nuestros hijos de cualquier edad a desarrollar alas para volar por sí mismos.

- Podemos hallar consuelo al saber que no estamos solos en este viaje.

- Podemos recuperar nuestras vidas.

Sagradas Escrituras

Josué 1.9

"Mira que te mando que te esfuerces y seas valiente; no temas ni desmayes, porque Jehová tu Dios estará contigo en dondequiera que vayas."

Filipenses 4.13

"Todo lo puedo en Cristo que me fortalece."

2 Timoteo 1.7

"Porque no nos ha dado Dios espíritu de cobardía, sino de poder, de amor y de dominio propio."

ENCUESTA SOBRE JUSTIFICAR Y PATROCINAR

1. ¿Han desaparecido misteriosamente algunas de sus pertenencias y usted nunca ha averiguado al respecto?

2. ¿Ha terminado un proyecto que su hijo dejó sin terminar porque era más fácil hacerlo que pedirle que lo hiciera?

3. ¿Ha pagado por educación o entrenamiento laboral más de una vez?

4. ¿Usa su hijo malas palabras, violencia u otro comportamiento inaceptable hacia usted sin que haya consecuencias?

5. ¿Da usted segundas oportunidades repetidamente?

6. ¿Le presta dinero constantemente y rara vez se lo paga?

7. ¿Le preocupan sus finanzas a consecuencia de ayudarle a su hijo?

8. ¿Ha evitado hablar sobre temas difíciles por temor a la reacción?

9. ¿Le preocupa que su matrimonio se afecte debido a las tensiones por su hijo?

10. ¿Ha aumentado el resentimiento de hermanos y parientes?

11. ¿Esta pagando o ha pagado cuentas de su hijo?

12. ¿Paga el servicio de celular de su hijo para poder estar en contacto con él?

13. ¿Ha pagado fianza o abogados más de una vez?

14. ¿Su hijo tiene dinero para productos no esenciales (cigarrillos, tatuajes, cine, etc.) pero aun así necesita pedirle dinero prestado?

15. ¿Ha pedido a su hijo adulto (que vive con usted) que pague renta y se ha negado a hacerlo?

16. ¿Usted ha dado ultimátum(s) pero no los ha cumplido?

17. ¿Ha llamado para excusar a su hijo por enfermedad u otra razón?

18. ¿Se pregunta por qué no pueden conseguir o mantener un trabajo mientras viven con usted?

19. ¿Siente que no hay nada más que puede hacer por él?

20. ¿Está molesto con usted mismo por lo que ha estado haciendo?

*Esta es una adaptación de la encuesta de justificación de Allison Bottke en su libro *Setting Boundaries with Your Adult Children* (*Estableciendo Límites con Hijos Adultos*).

NOTAS

Sesión 3

CULPA

CULPA

Todos en algún momento nos hemos sentido culpables por la situación de nuestros hijos. Parece que es parte de la pregunta "¿Por qué?" Debe haber alguna razón. ¿Será tal vez mi culpa? Nos hacemos preguntas dolorosas a nosotros mismos: "¿Que hice mal?" "¿Cómo es posible que mi hijo sea así?" "¿Pude haber prevenido esto?"

Definición

Sentido de responsabilidad o remordimiento por alguna ofensa, crimen o error, etc. que puede ser real o imaginaria. Auto-reprocharse; auto-recriminarse; sentirse responsable por algo.

Califíquense en una escala de 1 a 10 (10 siendo el más alto): Que tan culpable se siente hoy y por qué escogió esta calificación?

The Perfect Parent

Incluso los mejores padres buscan explicaciones para sus fallas. Dicen, "Si yo hubiera …" y "Si yo no hubiera…" examinan una y otra vez su historial de crianza, buscando ese momento, ese error que provocó el cambio en su relación.

Veamos un padre que hizo todo perfectamente y no es culpable.

Leamos en la Biblia: Génesis 1.31 y 3.6; Isaías 1.2 y 5.1-4.

Génesis 1.31; 3.6

"Y vio Dios todo lo que había hecho, y he aquí que era bueno en gran manera. Y fue la tarde y la mañana el día sexto."

"Y vio la mujer que el árbol era bueno para comer, y que era agradable a los ojos, y árbol codiciable para alcanzar la sabiduría; y tomó de su fruto, y comió; y dio también a su marido, el cual comió así como ella."

Isaías 1.2

"Oíd, cielos, y escucha tú, tierra; porque habla Jehová: Crié hijos, y los engrandecí, y ellos se rebelaron contra mí."

Isaías 5.1-4

"Ahora cantaré por mi amado el cantar de mi amado a su viña. Tenía mi amado una viña en una ladera fértil. La había cercado y despedregado y plantado de vides escogidas; había edificado en medio de ella una torre, y hecho también en ella un lagar; y esperaba que diese uvas, y dio uvas silvestres. Ahora, pues, vecinos de Jerusalén y varones de Judá, juzgad ahora entre mí y mi viña. ¿Qué más se podía hacer a mi viña, que yo no haya hecho en ella? ¿Cómo, esperando yo que diese uvas, ha dado uvas silvestres?

¿Qué verdades sobre la paternidad/maternidad se ven en estos pasajes?

La crianza perfecta no garantiza resultados. Siempre podemos obtener un resultado inesperado. Los padres de hijos rebeldes cuentan con buena compañía, incluso los hijos de Dios se rebelaron.

¿Cómo afecta esta verdad tu nivel de culpa?

¿Qué Podemos hacer con respecto a nuestra culpa?

1. Pídale a Dios que le recuerde cualquier pecado y confiéselo. Sea honesto sin introspección mórbida. Él lo perdonará y removerá la culpa. Puede que Dios le revele que usted necesita pedir perdón a su hijo; hacer esto puede tener un gran impacto en ellos.

2. Encuentre una persona de confianza y comparta honestamente su lucha con la culpa.

3. No se apropie de los problemas de su hijo. Recuerde, ellos están tomando sus propias decisiones. Ellos son responsables ante Dios por las cosas que hacen.

4. Falsa culpa—no hay razón para esto; tome lo que necesite tomar y rechace el resto; aprenda a reconocer las mentiras de Satanás; pida a Dios que le muestre cuáles son y que luego las quite.

5. Deje el pasado atrás y siga adelante; usted no puede cambiar lo que ya está hecho. Tenga mucha gracia con usted mismo; es algo que no ha hecho antes; con la ayuda de Dios, está haciendo lo mejor que puede.

Sagradas Escrituras

Salmo 25.11

"Por amor de tu nombre, oh Jehová, perdonarás también mi pecado, que es grande.

Isaías 6:7

Y tocando con él sobre mi boca, dijo: He aquí que esto tocó tus labios, y es quitada tu culpa, y limpio tu pecado."

1 Juan 1.9

"Si confesamos nuestros pecados, Él es fiel y justo para perdonar nuestros pecados, y limpiarnos de toda maldad."

Romanos 8:1

"Ahora, pues, ninguna condenación hay para los que están en Cristo Jesús, los que no andan conforme a la carne, sino conforme al Espíritu."

Efesios 6:11

"Vestíos de toda la armadura de Dios, para que podáis estar firmes contra las asechanzas del diablo."

NOTAS

Sesión 4

MIEDO

MIEDO

El miedo es la mejor arma de Satanás contra nosotros. Es nuestro enemigo número uno. Nos ata en nudos, nos paraliza, debilita nuestra fe, nos roba la paz y el gozo y causa que acolitemos a nuestros hijos. Hace que creamos las mentiras del diablo y olvidemos lo que es real. Es uno de nuestros principales problemas como padres lastimados.

Definición

Es una emoción angustiante provocada por un peligro inminente, maldad, dolor, etc., ya sea que la amenaza sea real o imaginaria; sentimiento o emoción de sentir temor. Sinónimos: presentimiento, aprehensión, tribulación, temor, terror, susto, pánico, horror, recelos (dictionary.com). nos puede hacer sentir nerviosos, preocupados y ansiosos. Es una de las cuatro emociones principales—ira, tristeza, alegría, miedo.

Un acróstico en inglés: False (Falsa) Evidence (evidencia) Appearing (que parece) Real (real)

Identificando nuestros miedos

1. ¿Cuáles son sus temores por sus hijos?

2. ¿ Cómo les afecta esto?

Respuestas posibles: incapacidad para dormir, pérdida o exceso de apetito; ansiedad, nervios y estrés; enfermedades físicas—úlceras, dolores de cabeza, problemas intestinales, dolor en el pecho; estar más emocional de lo habitual; menos paciencia, más irritabilidad, temperamento reactivo; volverse más controlador con su hijo; comenzar a acolitarle para protegerle; se puede ser consumido por el miedo; no poder dejar de pensar o hablar de lo mismo; absorbe todos los pensamientos; toma control de la persona; se puede sentir la necesidad de auto-medicarse para encontrar alivio (alcohol, nicotina, café, azúcar); recurrir a formas de escape— televisión, lectura, internet, trabajo, pasatiempos (no necesariamente cosas dañinas).

Cómo lo enfrentamos

- Piense positivamente: "Voy a estar bien." "Podría ser peor." "No estoy solo."

- Enfóquese en las cosas de las que puede estar agradecido y no en lo negativo.

- Lea el Salmo 23 antes de acostarse, especialmente el segundo versículo, "En lugares de delicados pastos me hará descansar."

- Ore: mantenga un diario de oración y escriba respuestas, esto aumenta la fe.

- Recuerde que Dios ama a su hijo más que usted mismo. Él no ha terminado.

- Sea honesto con respecto a sus miedos. Hable de sus temores con usted mismo o con otra persona.

Sugerencias Para Enfrentar el Miedo

1. Alimente su fe

   La fe prospera y se fortalece en la verdad. Lea las Sagradas Escrituras, memorice versos bíblicos, escuche música edificante, lea libros útiles, asista a servicios de adoración, etc.

2. Enfóquese en la verdad

   Dios está con nosotros. No estamos solos; Él nos ayudará; Él quiere ayudar a nuestros hijos; Él es capaz de hacer lo imposible; Él nunca deja de intentar alcanzarlos; Él usará todo para bien en sus vidas y en las nuestras. Busque versos bíblicos que aborden sus miedos y llene su mente de ellos. Estos son unos excelentes ejemplos:

   "Ahora, así dice Jehová, Creador tuyo… y Formador tuyo…
   'No temas, yo te he redimido;
   Te llamé por tu nombre, tu eres mío
   Cuando pases por las aguas, yo estaré contigo;
   y si por los ríos, no te anegarán.
   Cuando pases por el fuego, (en aflicción o sufrimiento) no te quemarás,
   ni la llama arderá en ti
   Porque yo Jehová, Dios tuyo, el Santo de Israel, soy tu Salvador…
   Porque a mis ojos fuiste de gran estima, fuiste honorable, y yo te amé…

No temas, porque yo estoy contigo' " (Isaías 43.1-5ª).

3. Evite una fe fantasiosa

Convencernos a nosotros mismos de que todo va a estar bien, nada malo va a pasar, ella no va a quedar embarazada, él no va terminar en la cárcel, ellos no se van a volver alcohólicos, etc. algo malo si puede pasar. No sabemos cuál será el resultado final. No tenemos garantía de que nuestro hijo va a sobrevivir o volver a casa sano y salvo.

4. Permita que el miedo le acerque a Dios

Aprendamos a ceder más, a confiar más, a orar más, a leer más la Biblia y atender a servicios de adoración. Hagamos todo lo posible para fortalecernos espiritualmente.

5. Enfrente sus miedos

   • Enfrentar nuestros miedos los desarma. Ya no tienen tanto poder sobre nosotros.

   • Recordemos que Dios está con nosotros en esto. Llevémoslo con nosotros en esta parte del viaje.

   • Este es un buen lema: "El miedo llamó a la puerta, cuando la esperanza respondió ¡no había nadie!"

   • Pregúntese "¿Qué tiene Dios para mí en este momento de temor?"

   • Acepte las situaciones hipotéticas y haga las paces con ellas.

   • Es posible que usted necesite ayuda de un consejero profesional o de un ministro.

Sugerencias para probar en casa:

   • Ora para que Dios te ayude a confiarle a Él tus miedos en lugar de vivir en ellos.

   • Ora por la certeza de Su presencia.

   • Ora para que aumente tu fe y sobre cómo puedes alimentarla.

   • Pasa más tiempo orando que sintiendo miedo. Usa las Sagradas Escrituras para orar.

   • Encuentra un compañero de oración que haya tenido miedo por un hijo rebelde.

- Lee Juan 14.27; Jesús te da Su paz y te dice que no temas.

Sagradas Escrituras

Salmo 23.4

"Aunque ande en valle de sombra de muerte, no temeré mal alguno, porque tú estarás conmigo; tu vara y tu cayado me infundirán aliento."

Salmo 27.3

"Aunque un ejército acampe contra mí, no temerá mi corazón; Aunque contra mí se levante guerra, yo estaré confiado."

Salmo 46.1

"Dios es nuestro amparo y fortaleza, nuestro pronto auxilio en las tribulaciones."

1 Juan 4.18:

"En el amor no hay temor, sino que el perfecto amor echa fuera el temor; porque el temor lleva en sí castigo. De donde el que teme, no ha sido perfeccionado en el amor."

Isaías 41.10

"No temas, porque yo estoy contigo; no desmayes, porque yo soy tu Dios que te esfuerzo; siempre te ayudaré, siempre te sustentaré con la diestra de mi justicia."

NOTAS

Sesión 5

DESPRENDERSE

DESPRENDERSE

Definición

Indiferencia, distancia, retraimiento; desconectarse, desinteresarse, aislarse y despreocuparse; evitar involucrarse emocionalmente. Desabrochar y separar; desenganchar, desunir (dictionary.com)

Tal vez estos términos sean la razón por la que muchos padres consideren desprenderse como algo confuso e incluso incorrecto. Pero eso no es lo que significa cuando ustedes escuchan "Usted necesita desprenderse."

Desprenderse no es bueno ni malo. No implica juicio no condenación hacia la persona de la que uno se desprende. Separarnos de los efectos adversos del comportamiento destructivo de otra persona es desprenderse.

Esto no siempre requiere separación física. Desprenderse no es separarse de la persona que queremos, sino de la agonía de nuestra relación con ella. Desprenderse nos ayuda a ser más objetivos acerca de la situación.

Algunos proponentes de la recuperación nos enseñan sobre que hacer o decir para causar o detener el comportamiento destructivo de otra persona. No somos responsables de los problemas de nuestros hijos o de su recuperación de los mismos. Desprendernos nos permite abandonar la obsesión con nuestros hijos de manera que podamos llevar vidas saludables—vidas con dignidad, guiadas por Dios. Podemos amarlos sin que nos guste su comportamiento.

A Través Del Desprendimiento Podemos Aprender

- A no sufrir por las acciones y reacciones de otros.

- A no permitir que seamos usados o abusados por otros con objeto de su recuperación.

- A no hacer por otros lo que ellos pueden hacer por sí mismos.

- A no manipular las situaciones para que otros puedan comer, dormir, levantarse, pagar cuentas, no beber o usar drogas, o comportarse como quieran.

- A no encubrir los errores o fallas de otro.

- A no prevenir una crisis que ocurra en el transcurso de la vida.

Para Recordar

El proceso de desprenderse es estresante para toda la familia porque la naturaleza humana percibe cómo estresantes los cambios importantes. Puede ser tan difícil para nosotros cambiar nuestros propios patrones como para nuestros hijos. Los viejos hábitos son difíciles de matar.

Aprender a desprenderse trae una nueva realidad: abandonar nuestros intentos de controlar o negar nuestros propios sentimientos y necesidades y de la falsa creencia de que nuestro hijo tiene que estar bien para que nosotros podamos estar bien. Estos cambios trastornan el sistema familiar. Todos deben reajustarse.

Vivir con los efectos del comportamiento destructivo de una persona es demasiado para que una persona lo soporte sola. El sentimiento de impotencia por nuestro hijo puede hacernos sentir agobiados por miedo, insuficiencia, duelo, confusión y falta de entendimiento. No sabemos que hacer a continuación. Leer materiales de ayuda, atender grupos de apoyo, visitar un consejero y otras prácticas de cuidado personal pueden ayudar a disminuir el estrés.

Al aprende a enfocarnos en nosotros mismos, permitiendo que nuestro ser querido experimente las consecuencias de sus propias acciones, mejorará nuestro bienestar. Esto puede ser difícil. Se necesita mucho valor.

Sagradas Escrituras

Josué 1:9

"Mira que te mando que te esfuerces y seas valiente; no temas ni desmayes, porque Jehová tu Dios estará contigo en dondequiera que vayas."

Efesios 6:10

"Por lo demás, hermanos míos, fortaleceos en el Señor, y en el poder de su fuerza."

NOTAS

Sesión 6

PREOCUPACIÓN Y
ANSIEDAD

PREOCUPACIÓN Y ANSIEDAD

No tiene sentido preocuparse demasiado por cosas que no se pueden controlar. La preocupación da un falso sentido de control de cosas sobre las que no podemos hacer nada.

No todos los problemas de la vida tienen final feliz. A veces puede haber una buena razón para estar ansiosos. La preocupación es una respuesta común. A veces no podemos parar y se convierte en crónica, incluso obsesiva. Se puede salir de control. Entonces nuestra habilidad para pensar con claridad y tomar buenas decisiones se ve comprometida. Estos son algunos pasos que ayudan a recuperar la tranquilidad:

Cuatro Pasos Para Ayudar a Recuperar la Paz Mental

1. Haga un cambio físico

   - La próxima vez que sienta que se esta preocupando incontrolablemente, deténganse y mírese en un espejo. Note la tensión en su frente y en sus ojos, su mandíbula apretadas, ceño fruncido y postura encorvada. La preocupación pasa una factura a nuestros cuerpos.

   - Respire profundo. Respire profundamente, hágalo otra vez. Profundo y despacio. Inhale por la nariz, exhale por la boca. Esto bajará su pulso, aclarará su mente y relajará sus músculos. Cuando nos preocupamos, tendemos a aguantar la respiración. Tomamos respiraciones cortas y superficiales que aumentan la ansiedad. Dese más oxígeno— puede hacer grandes cosas por su bienestar y es gratis.

   - Tome una caminata larga, después un baño o ducha tibia. Conectarse con la naturaleza es relajante. Dirija su mirada hacia arriba y mire de verdad el cielo. Permita que le recuerde la grandeza de Dios. El ejercicio aeróbico y un masaje son otras formas de liberarse de la preocupación. Descubra lo que le gusta y hágalo.

2. Cambie cosas o cambie su actitud

- Entienda que estar ansioso por alguien sobre quien no se tiene control no hará que la persona cambie. Es un desperdicio de energía. No puede añadir ni un codo a nuestra estatura (Mateo 6.27) .

- Trate de cambiar algo que usted si puede—su actitud. Cambien su diálogo interno negativo—"No esto otra vez." "¿Por qué siempre pasa esto?" "Justo lo que me temía" "Nunca cambiará"—en diálogo interno positivo. De lo contrario, seguirá atrapado en el problema.

- El diálogo interno positivo es un remedio saludable. Reemplace pensamientos ansiosos con verdades y pensamientos positivos: "Yo se que Dios me ayudará." "Esto también pasará." "Con ayuda de Dios, puedo hacerle frente a lo que venga." "Esto se resolverá de alguna forma." "Dejo ir y se lo dejo a Dios."

- Use el humor y la risa para distraerse. Vea una película cómica o llame a alguien que lo anime.

- Si está en una "ruta de preocupación", escuche música relajante o algo alentador.

3. Dele la vuelta

- Oración y meditación en Dios y su palabra puede calmar la mente y el espíritu. En vez de preocuparse, ore. Deje que su preocupación sea su oración. Sabemos que debemos entregarlo todo a Dios, pero que lentos somos para hacerlo.

- Deje ir sus preocupaciones entregándoselas a Dios. No hay nada que podamos hacer al respecto, pero podemos entregárselas a Aquel que sí puede hacer algo.

- Filipenses 4.6-7 dice, "Por nada estéis afanosos, sino sean conocidas vuestras peticiones delante de Dios en toda oración y ruego, con acción de gracias. Y la paz de Dios, que sobrepasa todo entendimiento, guardará vuestros corazones y vuestros pensamientos en Cristo Jesús."

- Intercambie sus preocupaciones por la paz de Dios.

4. Apártese de sí mismo en gratitud y confianza

- Busque a alguien que pueda ayudar. Un pequeño acto de bondad puede animar su espíritu y distraerle de sus propios problemas. También es una manera de recordarle sus bendiciones.

- La gratitud es otro buen antídoto para la preocupación. Es difícil estar agradecido y preocupado al mismo tiempo! Hacer una lista de las cosas por las que podemos agradeces, ayuda a poner las preocupaciones en perspectiva.

- La confianza es otra clave para superar la preocupación. Pida ayuda a Dios para confiar en El, así como en usted mismo y en las personas que lo rodean. Aunque ocurran cosas malas, siempre podemos confiar en que Dios nos dará lo que necesitamos para manejar la situación.

Sagradas Escrituras:

Mateo 6:25, 27, 33–34

No os afanéis por vuestra vida… ¿Y quién de vosotros podrá, por mucho que se afane, añadir a su estatura un codo?... Mas buscad primeramente el reino de Dios y su justicia, y todas estas cosas os serán añadidas. Así que, no os afanéis por el día de mañana, porque el día de mañana traerá su afán. Basta a cada día su propio mal."

Filipenses 4.6-7

Por nada estéis afanosos, sino sean conocidas vuestras peticiones delante de Dios en toda oración y ruego, con acción de gracias. Y la paz de Dios, que sobrepasa todo entendimiento, guardará vuestros corazones y vuestros pensamientos en Cristo Jesús."

1 Pedro 5:7

Echando toda vuestra ansiedad sobre él, porque él tiene cuidado de vosotros."

Salmo 94:19

En la multitud de mis pensamientos dentro de mí, tus consolaciones alegraban mi alma."

NOTAS

Sesión 7

IRA

IRA

Muchos de nosotros reaccionamos sin pensar cuando nos confrontamos con las inaceptables elecciones de nuestros hijos rebeldes. Tristemente, nuestras respuestas emocionales ayudan poco. Vamos a definir la ira y algunas de sus consecuencias.

Definición

Un fuerte sentimiento de disgusto y beligerancia provocado por un error; irritacióno agravación (dictionary.com).

Algunos de nosotros tendemos a bajar el tono y decir que estamos frustrados cuando estamos muy enojados. Está bien estar enojado. Los psicólogos dicen que es una de las cuatro emociones básicas: ira, tristeza, alegría y miedo. Lo importante es lo que hacemos con nuestros sentimientos de ira. Esto también aplica hacia la rabia que sentimos para con Dios. Él sabe si estamos molestos con Él y es suficientemente grande para aceptarlo.

Santiago 1:19-20: "Por esto, mis amados hermanos, todo hombre sea pronto para oír, tardo para hablar, tardo para airarse; porque la ira del hombre no obra la justicia de Dios."

Hallando el Origen de Nuestra Rabia

Nuestra ira puede ser el resultado de nuestra incapacidad para controlar las elecciones y acciones de otra persona. Cuantas veces ha tomado usted esta actitud: si al menos escuchara mi consejo e hiciera lo que yo digo, estas cosas no estarían pasando. La Biblia nos advierte, "Airaos, pero no pequéis; no se ponga el sol sobre vuestro enojo." (Efesios 4.26). Dios quiere que estudiemos nuestra ira, encontremos su origen y aprendamos a manejarla.

Preguntas Para Hacerse Individualmente

1. ¿De qué forma lo hace enojar su hijo?

2. ¿Cuál cree que es el problema subyacente?

3. ¿Sobre qué tiene usted control?

4. ¿Qué cambios le gustaría hacer?

Cinco Pasos para Manejar al Ira

"La blanda respuesta quita la ira; mas la palabra áspera hace subir el furor." (Proverbios 15.1)

1. Reconozca que está enojado.

2. Cuando se sienta enojado, no recurra a su típica respuesta negativa.

3. Encuentre el foco de su ira. Pregúntese: "¿Por qué estoy enojado?"

4. Piense en sus opciones. ¿Cómo puede responder de manera constructiva?

5. Tome medidas constructivas para resolver su enojo.

Cuestionario de Ira

¿Cómo se describiría a sí mismo cuando está enojado?

¿De qué maneras lo hace enojar su hijo?

¿Qué cosas pueden pasar cuando nuestra ira se sale de control?

Guía Para Conversación Pacífica

1. Siempre que sea posible, planee cuando y donde hablará.

2. Ponga por escrito cuales son las situaciones por conversar.

3. Acuerden de antemano no atacarse personalmente uno a otro. Si alguno comienza a hacerlo, detengan la conversación.

4. Acuerden que cualquier persona puede pedir una pausa para recuperar el control de sus emociones. Elijan un cantidad específica de tiempo. Esto les permitirá calmarse y reenfocarse.

5. Si los ánimos comienzan a calentarse, una buena frase para memorizar es, "Cariño, yo no soy el enemigo."

6. No deje que le cojan por sorpresa. Cuando sea abordado inesperadamente, simplemente dígale a la otra persona que usted no está preparado para hablar. Escojan un tiempo y lugar para conversar.

7. Sea honesto y respetuoso. La meta es tener una conversación pacífica, no ganar una discusión.

8. Piense en cómo puede terminar una discusión. Por ejemplo: "Estoy escuchando lo que estás diciendo, voy a pensar en ello."

9. Antes de su conversación, trate de llamar a una persona de confianza y pídale que ore para que usted pueda escuchar y no decir nada hiriente.

10. Ponga por escrito las decisiones y acuerdos a los que lleguen, para así evitar confusiones futuras.

NOTAS

Sesión 8

RESENTIMIENTO

RESENTIMIENTO

Definición

Resentimiento es "un sentimiento de indignación o disgusto persistente hacia algo considerado incorrecto, insultante o hiriente" (merriam-webster.com). Una emoción de profunda rabia o amargura resultado de haber sido agraviado; ira por haber sido ofendido o maltratado; traicionado. Rabia congelada dentro, como resultado de haber sido herido.

¿Cómo se Manifiesta el Resentimiento?

Con frecuencia el resentimiento se manifestará de las siguientes maneras:

- Agitación emocional fuerte y dolorosa cada vez que se habla de una persona o evento determinado.

- Falta de perdón; falta de voluntad para dejar ir y olvidar.

- Raíz de desconfianza y sospecha cuando se trata con personas o eventos que han causado dolor en el pasado.

- Duelo complicado que se experimenta cuando es difícil aceptar una pérdida.

- Rencor contra una persona o grupo de personas, las cuales la persona siente que le han impedido lograr algo.

- Puede ser una experiencia emocionalmente perturbadora que se siente o se reproduce repetidamente en la mente.

Razones por las que los Padres Pueden Sentir Resentimiento Hacia su(s) Hijo(s)

- El dolor emocional que nos han causado.

- La pérdida de tiempo de trabajo.

- Cuidarlos/ayudarlos a ellos ha costado dinero que no teníamos—por eso nos hemos endeudado.

- Sentimos que se han aprovechado de nosotros, nos han usado y rechazado.

- Nuestra salud se ha visto afectada.

- Nuestro matrimonio ha sufrido, el estrés y la tensión han incrementado el conflicto.

- Las relaciones con los otros hijos han sufrido—ha aumentado el conflicto.

- Mala reputación. Nuestras amistades pueden vernos de manera negativa.

- El tiempo que gastamos en consejería/psiquiatría/grupos de apoyo (¡como este!) preferiríamos pasarlo en cualquier otro lugar. Es molesto tener que tomar tiempo para asistir.

- En lugar de disfrutar del retiro, tenemos que dedicarnos a criar y cuidar a nuestros nietos.

- Expectativas rotas: los amigos de nuestros hijos han seguido adelante con sus vidas (carrera, matrimonio, familia) mientras nuestros hijos siguen siendo disfuncionales y no pueden siquiera mantenerse en un trabajo.

¿Qué añadiría a esta lista?

Algunas Ideas Para Lidiar con el Resentimiento

- Llevar un diario.

- Hablar con alguien que escuchará y orará con nosotros.

- Limitar el tiempo que nos permitimos a nosotros mismos pensar en estas cosas.

- Dejar ir (soltar) y dejárselo a Dios (Let go and let God).

- Por último, debemos perdonar. Si nos aferramos al resentimiento sólo nos hacemos daño a nosotros mismos. Cristo es nuestro ejemplo. Perdonemos como Él nos perdona. "Soportándoos unos a otros, y perdonándoos unos a otros si alguno tuviere queja contra otro. De la manera que Cristo os perdonó, así también hacedlo vosotros." (Colosenses 3.13).

- Cuando nos aferramos al resentimiento sólo nos hacemos daño a nosotros mismos. Mejor practiquemos el perdón.

- Oremos por ellos y por nosotros mismos. "bendecid a los que os maldicen, y orad por los que os calumnian." (Lucas 6:28).

Pídale a Dios, "Señor, quítame este resentimiento. Bendice a _____ de la manera que tu consideres mejor."

Cuando oramos de esta forma, nuestra actitud cambia y a veces la de ellos también.

- Diga cosas que los animen en lugar de ser criticar y acosar.

- Lea cosas que lo animen, que lo levanten y le den esperanzas.

Sagradas Escrituras

Marcos 11.25

"Y cuando estéis orando, perdonad, si tenéis algo contra alguno, para que también vuestro Padre que está en los cielos os perdone a vosotros vuestras ofensas."

Lucas 6.28

"Bendecid a los que os maldicen, y orad por los que os calumnian."

2 Timoteo 2:24

Porque el siervo del Señor no debe ser contencioso, sino amable para con todos, apto para enseñar, sufrido."

Job 5:2

Es cierto que al necio lo mata la ira, y al codicioso lo consume la envidia."

Job 36:13

Mas los hipócritas de corazón atesoran para sí la ira."

Colosense 3.13

"Soportándoos unos a otros, y perdonándoos unos a otros si alguno tuviere queja contra otro. De la manera que Cristo os perdonó, así también hacedlo vosotros."

NOTAS

Sesión 9

DEJANDO IR

DEJANDO IR

Dejar ir puede ser muy difícil. Es parecido a desapegarse, parar de intentar arreglar o cambiar, dejando al ser querido en las manos de Dios. Es soltar la necesidad de control, reconociendo que sólo Dios tiene ese poder.

Autor desconocido: Dejar ir no significa que deje de importar. Significa que no puedo hacer más por otra persona.

Dejar ir no significa alejarme. Es comprender que no puedo controlar al otro.

Dejar ir significa permitir que el otro aprenda de las consecuencias naturales.

Dejar ir es reconocer que el resultado no está en mis manos.

Dejar ir no es no preocuparse, es preocuparse.

Dejar ir es no arreglar sino apoyar (escuchando, empatizando y encontrando formas de mostrar tu interés sin hacer mucho por la otra persona—patrocinar.)

Dejar ir es no juzgar, permitiendo al otro ser persona.

Dejar ir es no esperar (exigir) milagros, sino tomar cada día como viene y celebrarlo. (Batallar con la tensión entre esperar y creer que Dios puede hacer cualquier cosa—Él es el hacedor de Milagros—pero aceptar la realidad.)

Dejar ir es no criticar ni regular a nadie, sino tratar de convertirme en lo que sueño que puedo ser.

Dejar ir es no tener arrepentimientos del pasado, sino crecer y vivir para el futuro. (No permanecer en lo que pasó—es lo que es; debemos aceptar nuestra nueva realidad. Dios nos hizo muy adaptables. Todo lo Podemos en Cristo que nos fortalece. Miremos al futuro con esperanzas.)

Dejar ir es temer menos y amar mar más.

Sagradas Escrituras

I Pedro 5.7

"Echando toda vuestra ansiedad sobre él, porque él tiene cuidado de vosotros."

Salmo 55.22

"Echa sobre Jehová tu carga, y él te sustentará; no dejará para siempre caído al justo."

Proverbios 3:5–6

"Fíate de Jehová de todo tu corazón, y no te apoyes en tu propia prudencia. Reconócelo en todos tus caminos, y él enderezará tus veredas."

Nosotros no abandonamos a nuestros hijos e hijas en la nada. Los dejamos en las manos de un Dios amoroso y fuerte. Dejamos ir y dejamos a Dios hacer su trabajo de transformación y redención.

Oración de la Serenidad

Señor concédeme la serenidad

Para aceptar las cosas que no puedo cambiar,

El valor para cambiar las cosas que puedo,

Y la sabiduría para reconocer la diferencia.

NOTAS

Sesión 10

EXPECTATIVAS

EXPECTATIVAS

Una fuente de frustración que rara vez reconocemos, es esperar mucho de otras personas o tener expectativas muy específicas de cómo creemos que la persona debe ser, lo que debe decir, dar o hacer.

¿Cuáles son algunas de las expectativas que tiene de sus hijos?

¿Se han sentido decepcionados o enojados con sus hijos últimamente?

¿Es posible que estas emociones tengan origen en expectativas que ustedes tenían sobre sus reacciones y acciones?

Discusión

"La expectativa es un resentimiento premeditado." cita de Al-Anon

Soluciones

- Cuando experimentamos resentimiento, necesitamos revisar nuestras expectativas.

- Tenemos el derecho a escoger nuestro propio estándar de conducta, pero no tenemos derecho a imponérselo a otras personas. Como padres, somos responsables de enseñar y modelar ciertos estándares de comportamiento para nuestros hijos, pero al final, ellos pueden escoger. No podemos escoger por ellos.

- Cada persona tiene sus propias razones de comportamiento, que van más allá de nuestro entendimiento o control. Podemos decir: "Pero el(ella) sabía lo que yo esperaba". Sin darnos cuenta de que tal vez esa fue precisamente la razón por la que el(ella) se rebeló y actuó diferente.

- Si esperamos que una persona reaccione de cierta manera en una situación dada y ella no cumple nuestra expectativa, ¿tenemos derecho a sentirnos decepcionados o rabiosos? Es bueno tener estándares altos, pero sólo si estamos preparados para resultados decepcionantes.

- Celebremos cada logro, no importa cuan pequeño sea y seamos agradecidos por ello.

¿Cuál es la Respuesta?

¿Cuál es la Respuesta? Encontraremos tranquilidad cuando paremos de esperar y nos relajemos en aceptación. El contentamiento viene de aceptar agradecidos lo bueno que viene a nosotros, no de enojarnos con la vida porque no es mejor. Y no lo tomes personal cuando estés decepcionado. Esto no es de ninguna manera resignación, sino una aceptación realista de cómo son las cosas.

Lo que Necesitamos Recordar

- No tenemos poder sobre _____.

- No podemos cambiar a nuestros hijos, ¡pero Dios puede!

- El control es una ilusión. No tenemos ninguno. ¡Pero Dios está en control!

- Debemos parar de esperar (o reducir nuestras expectativas) y aceptar lo que hay.

- Estar más informados sobre los problemas de nuestros hijos (bipolaridad, autolesiones, pornografía, alcoholismo, etc.) también nos ayudará a saber que es sensato esperar.

- Aceptar con gratitud lo bueno que llegue a nosotros.

- Yo también, con frecuencia, fallo al de cumplir las expectativas de otros.

- Estar agradecidos por las pequeñas cosas.

- La Oración de la Serenidad puede darnos tranquilidad.

Sagradas Escrituras:

Filipenses 4.11

"No lo digo porque tenga escasez, pues he aprendido a contentarme, cualquiera que sea mi situación."

Romanos 15.7

"Por tanto, recibíos los unos a los otros, como también Cristo nos recibió, para gloria de Dios."

NOTAS

Sesión 11

PROTEGIENDO SU MATRIMONIO

PROTEGIENDO SU MATRIMONIO

"Cualquier crisis puede poner en riesgo una relación matrimonial. Muchos padres caen en una rutina de batalla diaria, lo cual eventualmente los lleva por caminos separados."

¿Cuáles Problemas Creen que Puede Causar un Hijo Rebelde en el Matrimonio?

- Mayor estrés en sus vidas

- Tensión y roces en la relación

- Más discusiones, desacuerdos y conflictos

- Irritabilidad exacerbada

- Entendimiento equivocado de las diferencias tanto entre hombre y mujer como entre los temperamentos

- Estar consumidos por el problema—hablar de ello todo el tiempo

- Reducir o pasar por alto el tiempo juntos

- Culparse y criticarse mutuamente

- Falta de unión—no estar en la misma página

- Alejarse uno del otro—aislamiento

¿Qué Podemos Hacer Para Proteger Nuestro Matrimonio en Tiempos de Crisis?

- Sacar tiempo para divertirse, planear una cita de noche una vez a la semana y declararla "zona sin pródigo."

- Tomar turnos para ser el malo.

- Presentar un frente unido: nunca muestren desacuerdo en presencia de un hijo rebelde. Resuelvan en privado las diferencias.

- Su matrimonio debe ser la prioridad número uno, no su hijo; un día, su hijo seguirá adelante y quedarán los dos solos.

- Memoriza y practica estas afirmaciones: "Puede que tengas razón" (apacigua discusiones). "¿Que necesitas de mí en este momento?", "Yo no soy el enemigo" (mantiene la perspectiva).

- Paren de culparse y criticarse el uno al otro.

- Perdónense errores y fallas.

- La palabra divorcio no debe estar en su vocabulario. Niéguense a considerarlo una opción.

- Oren juntos. Cuando sea necesario, den tiempo a que las emociones de calmen antes de comenzar a orar.

- Acepten que ninguno de los dos fue un padre perfecto.

- Sean buenos escuchas, hablen despacio, no resuelvan las cosas a la ligera.

- Cultiven juntos un pasatiempo.

- Sean honestos y vulnerables acerca de sus sentimientos.

- Agradezcan los tiempos de paz.

- Involúcrense intencionalmente en actividades para matrimonios (conferencias, seminarios, grupos de estudio pequeños, lean libros juntos, asistan a consejería, etc.).

Sagradas Escrituras

Eclesiastés 4:9–10

"Mejores son dos que uno; porque tienen mejor paga de su trabajo. Porque si cayeren, el uno levantará a su compañero; pero ¡ay del solo! que cuando cayere, no habrá segundo que lo levante."

1 Corintios 13.4-8

"El amor es sufrido, es benigno; el amor no tiene envidia, el amor no es jactancioso, no se envanece; no hace nada indebido, no busca lo suyo, no se irrita, no guarda rencor; no se goza de la injusticia, mas se goza de la verdad. Todo lo sufre, todo lo cree, todo lo espera, todo lo soporta. El amor nunca deja de ser; pero las profecías se acabarán, y cesarán las lenguas, y la ciencia acabará."

NOTAS

Sesión 12

PROTEGIENDO SU HOGAR

Problemas con Nuestros Otros Hijos

Cualquier crisis añade estrés a las relaciones familiares. Si tenemos otros hijos, ellos pueden ser afectados negativamente al tener un hermano o hermana problemático.

¿Qué problemas pueden surgir con nuestros otros hijos?

- Pueden acumularse resentimientos, rabia y celos.

- Damos tanto tiempo y atención a nuestro hijo difícil que se lo quitamos a ellos.

- Recursos financieros que la familia pudo haber disfrutado se gastan en el hijo rebelde.

- Vacaciones, limitaciones de educación, actividades extracurriculares o deportes, etc. puede que los hermanos y hermanas se sientan defraudados por la forma como su hermano(a) afecta estas áreas.

- Rabia porque ven cómo somos lastimados por su hermano o hermana—se cansan de su comportamiento y no les gusta. Pueden llegar a ser como el hijo mayor de la parábola del hijo pródigo.

- Depresión, tristeza o preocupación por el bienestar de su hermano—pueden incluso necesitar consejería.

- Cuidadores—ellos comienzan a sentirse responsables por el bienestar de su hermano; tratan de proteger o guardar secretos para mantenerlos a salvo o para mantener la paz en la familia.

¿Cómo los hace sentir esto?

¿De qué manera patrocinar y justificar han impactado negativamente a otros hijos en su familia?

¿Qué han hechos ustedes para prevenir o solucionar estos problemas?

Sugerencias

- Pasen tiempo intencionalmente con sus otros hijos, haciendo cosas normales, significativas y divertidas juntos.

- Si ya no viven con ustedes, llamarlos, enviarles correos electrónicos, mensajes de texto, usar Skype para mantenerse en contacto.

- Hagan un esfuerzo adicional para darle a sus otros hijos mucha afirmación positiva. Elogiarlos y felicitarlos tanto como sea posible por sus fortalezas y por la bendición que son para ustedes.

- Tómense tiempo para hacer cosas especiales con y por sus otros hijos. Ahorre para darles una sorpresa especial o unas vacaciones de su elección.

- Si es posible, haga arreglos para asistir a consejería familiar. Deles oportunidades para expresar sus sentimientos; las sesiones familiares pueden ser terapéuticas y sanadoras.

Sagradas Escrituras

Lucas 15.22–32

Parábola del Hijo Pródigo

"Pero el padre dijo a sus siervos, 'Sacad el mejor vestido, y vestidle; y poned un anillo en su mano, y calzado en sus pies. Y traed el becerro gordo y matadlo, y comamos y hagamos fiesta; porque este mi hijo muerto era, y ha revivido; se había perdido, y es hallado.' Y comenzaron a regocijarse. Y su hijo mayor estaba en el campo; y cuando vino, y llegó cerca de la casa, oyó la música y las danzas; y llamando a uno de los criados, le preguntó qué era aquello. Él le dijo: 'Tu hermano ha venido; y tu padre ha hecho matar el becerro gordo, por haberle recibido bueno y sano.'

Entonces se enojó, y no quería entrar. Salió por tanto su padre, y le rogaba que entrase. Mas él, respondiendo, dijo al padre, 'He aquí, tantos años te sirvo, no habiéndote desobedecido jamás, y nunca me has dado ni un cabrito para gozarme con mis amigos. Pero cuando vino este tu hijo, que ha consumido tus bienes con rameras, has hecho matar para él el becerro gordo.'

Él entonces le dijo: 'Hijo, tú siempre estás conmigo, y todas mis cosas son tuyas. Mas era necesario hacer fiesta y regocijarnos, porque este tu hermano era muerto, y ha revivido; se había perdido, y es hallado.' "

Efesios 6.4

Y vosotros, padres, no provoquéis a ira a vuestros hijos, sino criadlos en disciplina y amonestación del Señor."

NOTAS

Sesión 13

IMPOTENCIA
Y CONTROL

IMPOTENCIA Y CONTROL

Introducción

"¿Sobre qué tienes control en tu vida?"

"¿Cómo responde cuando no tiene el control?"

"¿Cómo le hace sentir esto?"

Tres Conceptos

Yo no soy la causa de los problemas de mi hijo.

En definitiva, no puedo controlar los problemas de mi hijo.

Yo no tengo el poder para arreglar los problemas de mis hijos.

- No es su culpa, a menos que hayan alentado el comportamiento de su hijo y ayudado a su destrucción. Paren de tratar de controlar. Se van a enloquecer y los van a enloquecer a ellos. Ustedes no pueden arreglarlos—ellos tienen que desear cambiar. Ustedes no pueden obligarlos. Recuerden, el control es una ilusión. Lo único que en realidad podemos controlar es a nosotros mismos. No hay nada que ustedes puedan hacer para acelerar el proceso de sanación, pero Dios todavía tiene el control.

- Como padres, buscar ayuda es nuestro último recurso. Nos resulta difícil rendirnos a la idea de que, nosotros, que usualmente somos capaces, en realidad no sabemos cómo manejar la situación correctamente. Nuestra naturaleza impulsiva toma control. Tenemos que "soltar y dejar que Dios haga" (Let go and let God).

- Si nosotros aceptamos el hecho de que realmente no tenemos autoridad o poder sobre otra persona, entonces dejaremos de tratar de forzarlos a hacer lo que queremos que hagan. Admitir nuestra impotencia no es en modo alguno una declaración de desesperación. Nos ayuda a aceptar nuestras limitaciones y mantenernos humildes, para que podamos hallar respuestas que pongan nuestras vidas en una ruta diferente. Nos prepara para liberarnos de los problemas con los que no podemos lidiar solos.

DECLARACIÓN DE LIBERACIÓN

Haga esta declaración de liberación[1] tantas veces cómo sea necesario:

Porque Jesucristo es mi Señor, te libero de mi ansiedad, lágrimas y control. Confío en que el Espíritu Santo te guiará y te mostrará cual es el camino correcto para tí, el camino de amor, gozo y paz y todo lo que incluye la salvación.

Te presento ante el trono de gracia de Dios. No puedo forzar mi voluntad en tí. No puedo vivir tu vida por tí. Te entrego a Dios Padre, Hijo y Espíritu Santo. Eres una persona muy especial. Te amo mucho pero Dios te ama aún más. Hoy, tu vida está completamente en Sus manos y para eso, yo confío en Él.

En el nombre de Jesús…

Te libero de mis expectativas,

Te pongo en las manos extendidas del Señor,

Te doy mi bendición,

Te dejo ir.

En Su amor,

(Firma)_____

Fecha _____

"Dios es el que en vosotros produce así el querer como el hacer, por su buena voluntad. Estando persuadido de esto, que el que comenzó en vosotros la buena obra, la perfeccionará hasta el día de Jesucristo" (Filipenses 2:13, 1:6).

---

[1] Usado con permiso de @Sylvia Gunter, The Father's Business, P. O. Box 380333, Birmingham, AL 35238 www.thefathersbusiness.com. Email: info@thefathersbusiness.com

NOTAS

Sesión 14

COMUNICACIÓN

COMUNICACIÓN

¿Cuál es el propósito de la comunicación?"

- Compartir información

- Expresar necesidades

- Conocer mejor a otros

Los Dos Elementos de la Comunicación: Emisor y Receptor

¿Cuáles son las cualidades de un buen emisor y de un buen receptor?

EMISOR	RECEPTOR
Mira al receptor	Mira al emisor
Habla a un buen volumen	No interrumpe
Habla claro	Hace preguntas
Usa más de un tono de voz	Repite lo que escucha
No sigue sin parar	Muestra interés
Piensa en lo que quiere decir	Le importa lo que el emisor le está diciendo
Usa palabras que el receptor puede entender	No habla mientras el emisor está compartiendo

¿Porqué las Personas No Son Buenos Oyentes o Conversadores?

EMISOR	RECEPTOR
Miedo	Rabia
Timidez	Aburrimiento
No tener nada que decir	Cansancio
De niño no aprendió a conversar	Estar muy ocupado
No saber cómo expresar sus pensamientos	Estar distraído
	No ser capaz de escuchar
	Estar bajo la influencia de sustancias

Técnicas para una Buena Comunicación

- Brinde toda su atención: pare lo que está haciendo, establezca otro tiempo para hablar y respete el tiempo establecido para hablar.

- Tómese su tiempo: hable despacio, respire, planee por anticipado y siéntese.

- Hable en primera persona, es decir, usando frase "Yo": "Yo siento que _____ cuando tu _____ porque _____." Este es un buen modelo a seguir.

- Hable respetuosamente: evite insultos, gritos y malas palabras.

- Permita que cada persona tenga sus propios sentimientos, independientemente de lo que sean.

- Reconozca verbalmente tanto sus emociones como las de la otra persona, nos sentimos mejor cuando alguien reconoce lo que sentimos, incluso si no están de acuerdo con nosotros. Emociones primarias (del corazón) cómo: rabia, tristeza, alegría y miedo.

- Escuche a la otra persona cuando habla--no liense cuál va a ser su respuesta, repita lo que usted cree que escuchó.

- Pida lo que quiere sin exigir.

- Recuerde mostrar agradecimiento a la otra persona por su tiempo y esfuerzo—no dé este tiempo por sentado, especialmente con miembros de la familia y amigos cercanos.

Sagradas Escrituras

Santiago 1:19

"Por esto, mis amados hermanos, todo hombre sea pronto para oír, tardo para hablar, tardo para airarse."

Efesios 4.15

"Sino que hablando la verdad en amor, crezcamos en todo en aquel que es la cabeza, esto es, Cristo."

HOJA DE TRABAJO PARA COMUNICACIÓN

Aprender a comunicarse sanamente es vital. Completa esta forma indicando lo positivo y negativo a la persona con la que hablará, usando honestidad y expresando sentimientos.

1. Yo me siento/sentí_____ y _____
   cuando_____.

2. Yo me siento/sentí_____ y _____
   cuando_____.

3. Yo me siento/sentí_____ y _____
   cuando_____.

4. Yo me siento/sentí_____ y _____
   cuando_____.

5. Yo me siento/sentí_____ y _____
   cuando_____.

6. Yo me siento/sentí_____ y _____
   cuando_____.

7. Yo me siento/sentí_____ y _____
   cuando_____.

8. Yo me siento/sentí_____ y _____
   cuando_____.

9. Yo me siento/sentí_____ y _____
   cuando_____.

10. Yo me siento/sentí_____ y _____
    cuando_____.

NOTAS

Sesión 15

ESPERAR

ESPERAR

Definición

Permanecer inactivo o en estado de reposo hasta que algo inesperado ocurre; mirar hacia el futuro con anticipación" (traducción de la definición de www.dictionary.com).

Una Mirada Profunda a la Espera

Esperar es un trabajo duro. Toma mucho esfuerzo y una clase especial de auto-disciplina. Esperar va en contra de lo que la cultura actual enfatiza. El problema es que "toma tiempo para que nuestros hijos se metan en problemas . . . probablemente, salir de ellos tomará tiempo también." [2]

Consecuencias de No Esperar

¿Cuáles pueden ser algunas consecuencias de no esperar o de no saber esperar correctamente?

Saber Esperar

Esperar es a menudo parte de la vida y en nuestra vida espiritual no es diferente. Dios nos pone en posiciones de esperar en Él y nos pide que lo hagamos con paciencia y con la expectativa de su trabajo en nuestras vidas. Esto nos ayuda a enfocarnos en quién tiene el control. Crecemos en nuestra fe y en nuestra confianza en Dios. Está bien decirle que estamos agotados y esto no nos gusta. Esto nos permite desarrollar paciencia.

Sagradas Escrituras:

Salmo 27.14

"Aguarda a Jehová; esfuérzate, y aliéntese tu corazón; sí, espera a Jehová."

Salmo 130.5

"Esperé yo a Jehová, esperó mi alma; en su palabra he esperado."

---

[2] Brendan O'Rourke and DeEtte Sauer, *The Hope of a Homecoming* (Colorado Springs: NavPress, 2003), 117.

Salmo 37.7

"Guarda silencio ante Jehová, y espera en él. No te alteres..."

Romanos 8:25

"Pero si esperamos lo que no vemos, con paciencia lo aguardamos."

Consejos Para Saber Esperar

- Estar más enfocado en Dios.

- Recordar que es Dios y lo que Él puede hacer.

- Continuar viviendo su vida, mantenerse activo en el trabajo, con amigos, en la comunidad, etc.

- Tomar un día a la vez, vivir el presente.

- Recordar las promesas de Dios.

- Obtener la perspectiva de otra persona.

- Tener en mente el panorama completo. Dios está desarrollando algo en nosotros.

- Recordar siempre la bondad de Dios.

NOTAS

Sesión 16

SOBRELLEVANDO LA
TEMPORADA DE FIESTAS

SOBRELLEVANDO LA TEMPORADA DO FIESTAS

Objetivo de la Sesión:

A Consejos para Sobrellevar la Temporada de Fiestas

Consejo # 1: Ajuste o baje sus expectativas.

A veces no nos damos cuenta de la clase de expectativas que tenemos, hasta que no se cumplen. Los sentimientos de decepción, frustración, dolor, ira y resentimiento nos alertan de que nuestro hijo no cumplió con nuestras expectativas.

Según A-Anon, "Las expectativas son resentimientos premeditados."

Cuando nos aferramos a una expectativa que no se cumple, nos sentimos desilusionados y heridos. La decepción y el dolor se convierten en rabia. Con el tiempo, la rabia puede convertirse en resentimiento.

Ajustar sus expectativas puede ayudarle a proteger sus frágiles emociones. Puede evitar sentirse desilusionado, herido, irritado o resentido. Abandone cómo quisiera que fueran las cosas. No tenga expectativa ninguna de la participación o envolvimiento de su hijo. Entonces, si las cosas salen cómo usted quería, ¡estupendo! Tendrá una grata sorpresa

Mateo 6.10

"Venga tu reino. Hágase tu voluntad."

Efesios 4.32

"Antes sed benignos unos con otros, misericordiosos, perdonándoos unos a otros, como Dios también os perdonó a vosotros en Cristo."

Consejo #2: Considere hacer las cosas distintas este año.

Para el festivo que viene, ¿Cuáles tradiciones son especiales para ustedes?

Quizás sus tradiciones pasadas lo harán sentirse peor o serán muy difíciles a la luz de la situación actual con su hijo o hija. Si usted solía hacer una gran cena, puede ir a un restaurante o la casa de otra persona. Si usted solía abrir los regalos en la noche, cambie a abrirlos en el mañana.

Isaías 43.18-19

"No os acordéis de las cosas pasadas, ni traigáis a memoria las cosas antiguas. ¡He aquí que yo hago cosa nueva!"

Consejo #3: Enfóquese en otros.

Busque la forma de ayudar a alguien en necesidad. No tiene que ir muy lejos para encontrar personas solitarias o heridas. Pude ser tan sencillo como enviar una tarjeta postal, visitar o llamar a alguien. Pueden salir a tomar un café o a cenar; dar una caja de dulces, flores o una tarjeta de regalo. Sea creativo. Corte la grama, llévele una compra o repare algo en la casa. Enfocarse en otra persona deriva la atención en usted mismo y aligera el peso que está cargando. Hacerlo anónimamente puede ser aún más divertido.

Filipenses 2.4

"No mirando cada uno por lo suyo propio, sino cada cual también por lo de los otros."

Consejo #4: Sea agradecido

Dé gracias sin importar cómo se siente. Comience un diario de gratitud o una lista de agradecimiento. Escriba al menos una cosa cada día. No incluya sólo cosas grandes cómo el trabajo, un ascenso en el trabajo, un carro nuevo, etc. Fíjese también en las cosas pequeñas: pajaritos cantando, la majestuosidad y belleza de la naturaleza, el olor de algo que le gusta (comida en la parrilla, flores), la amistad, comer algo delicioso, etc.

¿De qué están agradecidos en este momento?

1 Tesalonicenses 5.18

"Dad gracias en todo, porque esta es la voluntad de Dios para con vosotros en Cristo Jesús."

Efesios 5.20

"Dando siempre gracias por todo al Dios y Padre, en el nombre de nuestro Señor Jesucristo."

NOTAS

Sesión 17

AMOR VALIENTE

AMOR VALIENTE

Los El amor valiente nos enseña a enfrentar la crisis, tomar una postura y enfrentar desafíos. Este tipo de amor nos ayudará a desarrollar nuevas fortalezas para que podamos dar un sentido de dirección y apoyo.

¿De Acuerdo o En Desacuerdo?

1. Amor significa nunca tener que decir lo siento.

2. Siempre sacaré a mi hijo de la cárcel.

3. Tengo que decirle a mi hija (que es mayor de 18) que si no quiere vivir bajo mis reglas, debe mudarse de mi casa. Es la cosa mas llena de amor que puedo hacer.

4. Me niego a excusar a mi hijo por enfermedad cuando no puede levantarse para ir al trabajo por una Resaca o por quedarse fuera hasta tarde.

5. Es una muestra de amor intervenir para que no falten a clases o no pierdan el trabajo.

6. Porque amamos a nuestros hijos, vamos a hacer una segunda hipoteca para pagar por su cuarta rehabilitación. Es la manera correcta de mostrarles que creemos en ellos.

7. Me niego a retirar mis ahorros o plan de jubilación para pagar las deudas de mi hija o hijo. Dejaré que experimente las consecuencias.

8. Escribiré una nota excusando la ausencia de mi hijo a la escuela, aunque no tuvo una razón válida para faltar.

9. Cubrí a mi hijo con una cobija en el frente de casa cuando se desmayó borracho. Lo dejé allí. No lo arrastré hasta dentro de la casa ni lo llevé a la cama.

10. Le perdoné una deuda a mi hija porque yo sabía que nunca iba a poder pagarme.

11. Pagaré el celular de mi hijo(a) para poder estar en contacto con el/ella.

12. Cuando mi hijo se mude, lo llevaré a comer una vez al mes (o lo invitaré a comer a casa), pero no le daré dinero ni tarjetas de regalo.

13. Siempre estoy diciéndole a mi hijo lo que tiene que hacer. Si no lo hago, se le olvidará.

14. Me niego a relacionarme con la pareja de mi hijo homosexual. Esto va en contra de mis principios.

Amor Valiente

Muéstrele a Cristo. El es lo que realmente necesita por encima de todo. No es una excusa para regañar o predicar. Usualmente esto produce el efecto contrario. Nuestro comportamiento y actitudes hablan más que las palabras. Cristo en nuestra motivación para seguir amándolos incluso cuando no lo merecen.

Ore. Solo Dios puede cambiarlo. Envíele correos electrónicos con peticiones específicas cada semana, asegúrese de incluir cómo puede el(ella) orar por usted. La oración es una poderosa manera de mostrar amor.

Dígaselo. Incluso cuando nuestros hijos son rebeldes, necesitan escuchar que todavía les amamos y ver nuestro amor en acción. Aun cuando las cosas están en su peor momento, todavía somos llamados a amar. Cuando buscamos, podemos ser rechazados pero no podemos detenernos. Dígalo a viva voz, por texto, por correo electrónico; haga todo lo que pueda para mantenerse en contacto. Sin embargo, no dejen que lo pisoteen o que no paguen las consecuencias de sus decisiones destructivas. El amor no es un tapete de entrada donde limpiarse los pies.

Lleve un diario. Si usted no sabe donde está y no tiene manera de comunicarse, puede comenzar a llevar un diario. Registre cosas que usted y su familia están haciendo, cosas que usted cree que le interesarían. Puede hacerlo diario o semanalmente, incluya una expresión de amor en cada entrada. Cuando regrese a "casa", entréguenle el diario. Esto puede abrir una puerta para reconstruir su relación.

Dele la bienvenida a casa. Hágale saber que cuando esté listo para cambiar, su puerta siempre está abierta. Estará allí con los brazos abiertos para ayudarlo, alentarlo y apoyarlo. Pero no cree demasiados requisitos para regresar, esto podría disminuir las posibilidades de que vuelvan a casa.

Escuche. Otra ponderosa forma de mostrar amor es simplemente escuchar. Busque oportunidades para sentarse con el (ella) (puede ser por teléfono) y simplemente escuchar. Incluso si está borracho o drogado, estar presente dice mucho: "Cuéntame más al respecto. Dime cómo te sientes. Te amo, me importa." Sea persistente. No se rinda. Darse cuenta de lo mucho que a usted le importa, puede marcar la diferencia.

Respete sus amistades. Aunque a usted no le gusten sus amigos, sea amable, atento y cortés como lo sería con cualquier otro incrédulo. Recuerde, esos amigos son los hijos rebeldes de otra persona. Su hijo o hija notará esto. Usted no sabe que efecto que esto pueda tener más adelante.

Muestre interés en lo que a él o ella le gusta. Aprenda sobre el tema para que pueda hacer buenas preguntas. Valide estas cosas. Anímele en estas actividades.

Sea fuerte. Cuando tenga que corregir o disciplinar (menores de 18) siempre termine con, "Te amo demasiado cómo para no hacer algo al respecto."

Cuando pida dinero o ayuda que pueda servir para patrocinarle, dígale, "Porque te amamos, no vamos a intervenir y quitarte el privilegio de resolverlo por tu cuenta. Sabemos que puedes hacerlo y estaremos orando por ti." En cambio, invítelo a cenar, o reunirse en un restaurante o cafetería.

Cuando falle de alguna manera, tenga una experiencia traumática o una recaída, dígale, "No hay nada que puedas hacer—o que puedan hacerte a ti—que vaya a hacer que te ame menos o más de lo que siempre te he amado. Mi amor por ti nunca cambiará."

Mantenga límites. El amor necesita límites saludables para prosperar y proteger a ambas partes. Ninguno de los dos debería aprovechars0.e del otro ni hacer nada que no sea lo mejor para cada persona. A veces el acto más lleno de amor, es el más difícil.

Una Historia Real

Cuando el hijo de una pareja fue encarcelado en una prisión del estado por seis años, tanto la familia inmediata como la extendida (incluyendo amigos cercanos) acordaron turnarse semanalmente para aceptar una llamada telefónica por cobrar, de manera que él pudiera estar en contacto y dejarle saber que les importaba. Sus padres lo visitaban semanalmente y cuando no podían ir, otro miembro de la familia iba en su lugar. Le dieron ultimátums claros y no aceptaron excusas. Ellos estaban dispuestos a hacer todo esto, pero él tenía que hacer su parte. Le dejaron saber en términos no poco claros, que ellos lo ayudarían y apoyarían solo por esta vez. Él sabía que lo decían en serio. Cuando salió de prisión, entendía mejor el amor de su familia por él y lo lejos que estuvieron dispuestos a ir para demostrárselo. Pero también entendió mejor los límites establecidos dentro de ese amor. Hoy, veintidós años después, él dice que fue ese amor valiente el que hizo la diferencia y cambió el rumbo de su vida.

Sagradas Escrituras

Romanos 5:8

"Mas Dios muestra su amor para con nosotros, en que siendo aún pecadores, Cristo murió por nosotros."

1 Corintios 13.4-8

"El amor es sufrido, es benigno; el amor no tiene envidia, el amor no es jactancioso, no se envanece; no hace nada indebido, no busca lo suyo, no se irrita, no guarda rencor; no se goza de la injusticia, mas se goza de la verdad. Todo lo sufre, todo lo cree, todo lo espera, todo lo soporta. El amor nunca deja de ser; pero las profecías se acabarán, y cesarán las lenguas, y la ciencia acabará."

Salmo 118.1

"Alabad a Jehová, porque él es bueno; porque para siempre es su misericordia

NOTAS

Sesión 18

PERDÓN

PERDÓN

Definición

¿Cómo definirían ustedes el perdón?

- El perdón no es sólo para la persona que necesita ser perdonada. También beneficia al "perdonador."

- El perdón no hace que la otra persona tenga la razón, sino que te libera (Al-Anon).

- Perdonar no es tolerar o excusar las acciones o comportamientos de otra persona. Es dejarle esa persona a Dios para que sea Él quien trabaje con ella y nosotros podamos ser libres. Para padres que están sufriendo, es parte del proceso de retomar sus vidas.

Algunos de nuestros hijos ni siquiera recuerdan o saben que necesitan ser perdonados. Por eso, una razón para perdonar es nuestro propio bienestar y salud.

"Si nos aferramos a nuestra ira, dejamos de crecer y nuestras almas comienzan a marchitarse." — M. Scott Peck

Nuestros hijos pueden haber tomado decisiones y elecciones que nos han herido y costado mucho: pérdida de salud, sueño, horas de trabajo o finanzas tratando de ayudarlos a ellos o a nosotros mismos; relaciones perdidas o dañadas con ellos mismos, nuestro cónyuge, otros hijos, otros familiares e incluso amistades; pérdida de nuestro bienestar mental y emocional. Nuestra fe puede debilitarse, podemos incluso alejarnos de Dios sintiéndonos decepcionados y confundidos.

Cinco Áreas del Perdón

1. Perdonar a nuestro hijo—por habernos lastimado. Podemos sentirnos muy disgustados y resentidos por la forma como hemos sido tratados. Ellos nos han mentido, nos han robado; nos han dicho que nos odian, que arruinamos sus vidas y que quieren alejarse de nosotros. Ellos han roto nuestros corazones y destrozado nuestros sueños. No confiamos en ellos, no podemos creerles, parece que ya ni siquiera los conocemos. También nos sentimos enojados por lo que se

están haciendo a sí mismos. La lista sigue y sigue. Debemos perdonar incluso si no nos lo piden. Jesús dijo, "Perdonad y seréis perdonados" (Lucas 6.37).

2. Perdonarnos nosotros mismos—por no ser los padres perfectos. No hay ninguno. Aunque hicimos lo mejor que pudimos, todavía nos sentimos culpables por cualquier rol que desempeñamos. Sea benigno con usted mismo. Rechace la mentira de que es culpa suya. Usted no los hizo hacer nada de esto. Usted hizo lo mejor que pudo. No importa lo mal que usted lo haya hecho, no es excusa para sus elecciones.

Si no nos perdonamos a nosotros mismos, terminaremos viviendo bajo el peso de la culpa, la acusación, la vergüenza y toda una serie de otros sentimientos que no son de Dios. Él le dio a nuestros hijos libre albedrío para tomar sus propias decisiones. No olvide lo que le pasó en el jardín del Edén al único padre perfecto (Génesis 2).

3. Perdonar a otros—por lastimar a nuestro hijo. Esto incluye aquellos que fueron una influencia negativa, que apoyaron sus elecciones destructivas, le vendieron o dieron drogas, lo expusieron a la pornografía, se aprovecharon de él(ella) o no lo ayudaron cuando pudieron haberlo hecho. Nuestros amigos pudieron herirnos o abandonarnos. Ellos no pueden manejar nuestro dolor. Quieren hacerlo, pero no pueden. No es su culpa. Ellos no pueden entender lo que estamos pasando

4. Perdonar a Dios—suena extraño ¿verdad? Puede ser difícil de aceptar que siendo Dios soberano y todo-poderoso, pudiendo haber evitado estas cosas, les haya dado libre albedrío para escoger por sí mismos. A veces lo culpamos a Él por no protegerlos, a pesar de que simplemente están experimentando las consecuencias naturales de sus elecciones. Por supuesto, Él no necesita ser perdonado. Él no hizo nada malo. En realidad, somos nosotros los que necesitamos ser perdonados por haberlo culpado a Él, permitiendo que el resentimiento creciera en nuestros corazones, sin siquiera habernos dado cuenta. Lo importante es ser honestos. Decirle lo que sentimos incluso si estamos enojados. Está bien. Él entiende.

5. Pedir perdón a nuestros hijos adultos—por los errores que hemos cometido. Talvez sí o tal vez no estábamos en los caminos de Dios mientras los estábamos criando. La mayoría de nosotros hemos cometido algunos errores. Pedirles perdón nos da alivio y sanidad. Si Dios nos revela alguna vez en la que lastimamos a nuestro hijo involuntariamente—siendo muy duros, muy

indulgentes, patrocinando o justificando—pedirles perdón puede traer grandes beneficios para nuestra relación.

Allison Bottke dice, "Aunque es muy difícil, puede ser el bálsamo curativo necesario para prepararlos para un crecimiento espiritual. Por otra parte, podría ser como verter combustible líquido sobre una llama encendida. No lo sabrás hasta que lo intentes.[3]

Louise Smedes muy bien dice: "La primera y única persona sanada por el perdón es la persona que lo otorga…Cuando perdonamos genuinamente, dejamos libre a un prisionero y luego descubrimos qué el prisionero al que liberamos éramos nosotros mismos".

Consecuencias de No Perdonar

Necesitamos ofrecer y recibir perdón. Si no lo hacemos, vendrán amargura, resentimiento y cinismo. Es la única forma de drenar las heridas de nuestro corazón antes de que comiencen a supurar y nos enfermen. Jesús es nuestro modelo a seguir. Perdonamos en obediencia a Él porque Él nos perdonó primero. Él es el cómo y el por qué del perdón. Es un proceso largo y lento, pero si elegimos hacerlo, podemos ser libres.

Sagradas Escrituras:

Efesios 4.32

"Sed benignos unos con otros, misericordiosos, perdonándoos unos a otros, como Dios también os perdonó a vosotros en Cristo."

Lucas 6.37

"Perdonad, y seréis perdonados."

Colosenses 3.13

"Soportándoos unos a otros, y perdonándoos unos a otros si alguno tuviere queja contra otro. De la manera que Cristo os perdonó, así también hacedlo vosotros."

---

[3] Allison Bottke, Setting Boundaries with Your Adult Children (Eugene, OR: Harvest House, 2008), p.92.

NOTAS

Sesión 19

GRATITUD

GRATITUD

"Dad gracias en todo, porque esta es la voluntad de Dios para con vosotros en Cristo Jesús" (1 Tesalonicenses 5.18).

Este pasaje de la Biblia nos dice que seamos agradecidos sin importar lo que esté pasando en nuestras vidas. Eso es lo que Dios quiere que hagamos. Es difícil cuando estamos pasando situaciones dolorosas. Sin embargo, dependiendo de Dios y con práctica, podemos aprender a dar gracias de todas formas. Dando gracias reenfocamos nuestra atención en las cosas positivas, aligeramos nuestras cargas y aumentamos la conciencia del quehacer divino en nuestras vidas.

Definicion

Gratitud—expresar agradecimiento por algo o alguien, usualmente diciendo, "Gracias"; sentimiento de apreciación por la amabilidad o consideración.

Consideraciones Sobre el Agradecimiento

- En 2003, los investigadores del Proyecto Gratitud y Agradecimiento encontraron que las personas que llevaban diarios de agradecimiento semanales, se ejercitaban más, reportaban menos síntomas físicos, se sentían mejor respecto a su vida en general y eran más optimistas sobre la semana siguiente en comparación con aquellos que registraron problemas o eventos neutrales de la vida diaria.

- Cuando las cosas van mal y la vida es difícil, Dios quiere que confiemos en Él. Cuando la vida se salga de control, busque algo por lo que dar gracias. El agradecimiento en tiempos difíciles es una respuesta sobrenatural. No es natural, pero tiene el poder de elevarnos por encima de las circunstancias. Nuestra respuesta instintiva es refunfuñar y quejarnos. Pronto comenzamos a sentir lástima por nosotros mismos y comienza la gran fiesta de la lástima. Antes de que nos demos cuenta, nos volvemos personas criticonas, cínicas y pesimistas.

- Un espíritu negativo y quejumbroso solo nos lastima a nosotros y a los que nos rodean. No somos una agradable compañía. La gente comienza a evitarnos. Lo que debemos hacer es reafirmar nuestra confianza en Dios y cambiar nuestro enfoque. Cuando hacemos esto, nuestra actitud pesimista comienza a revertirse, independientemente de cómo nos sintamos.

- Dé gracias a Dios aunque sea lo opuesto a lo que usted desea hacer. Parece una locura, pero si al menos lo intenta, poco a poco comenzará a salir de la niebla del negativismo. Comenzará a moverse hacia un lugar más tranquilo. Sí es posible.

- La gratitud es la clave para animar el corazón turbado. "Por nada estéis afanosos, sino sean conocidas vuestras peticiones delante de Dios en toda oración y ruego, con acción de gracias. Y la paz de Dios, que sobrepasa todo entendimiento, guardará vuestros corazones y vuestros pensamientos en Cristo Jesús" (Filipenses 4.6-7).

¡Comience un Diario de Agradecimiento – registre al menos una cosa cada día!

Sagradas Escrituras:

1 Tesalonicenses 5.18

"Dad gracias en todo, porque esta es la voluntad de Dios para con vosotros en Cristo Jesús."

Efesios 5.20

"Dando siempre gracias por todo al Dios y Padre, en el nombre de nuestro Señor Jesucristo."

Filipenses 4.6-7

"Por nada estéis afanosos, sino sean conocidas vuestras peticiones delante de Dios en toda oración y ruego, con acción de gracias. Y la paz de Dios, que sobrepasa todo entendimiento, guardará vuestros corazones y vuestros pensamientos en Cristo Jesús."

ESTOY AGRADECIDO POR...

NOTAS

Sesión 20

AUTOCUIDADO

AUTOCUIDADO

Cuando nuestros hijos y sus problemas nos consumen, tendemos a descuidar nuestro propio bienestar. A veces nos convertimos en mártires tratando de salvarlos. Esto crea una enorme cantidad de estrés que termina afectándonos. Si no hacemos un esfuerzo para cuidarnos mejor, podemos terminar enfermos—emocional, física, o espiritualmente. Necesitamos ser intencionales en cuanto a nuestro cuidado propio.

Formas en que Somos Afectados

- No podemos dormir o dormimos mucho.

- No podemos comer o comemos mucho.

- Vemos mucha televisión.

- Nos volvemos deprimidos y letárgicos. Es difícil levantarnos en las mañanas, seguir moviéndonos e ir al trabajo.

- Nos alejamos y aislamos.

- No nos importa nuestra apariencia.

- Tenemos más malestares físicos.

- Nos llenamos de ansiedad y no podemos dejar de preocuparnos. Nos obsesionamos con el comportamiento de nuestros hijos.

- Nos desilusionamos, dejamos de ir a la iglesia, quizá dejamos de orar… incluso de creer. "Por qué molestarse. No ha hecho ninguna diferencia"

- Dudamos de la bondad de Dios. "Si Él es bueno, por qué permite que pasen estas cosas?"

- Nuestras relaciones se ven afectadas por la tensión: cónyuge, otros hijos, familiares y amigos.

- Tenemos dificultad para concentrarnos y enfocarnos en el trabajo. Nuestra productividad se afecta.

Actividades de Autocuidado

- Descanse lo suficiente—tome una siesta si lo necesita.

- Coma saludablemente. Vigile su ingesta de azúcares, grasas y cafeína. Tome más agua. Coma frutas y vegetales frescos. No se salte las comidas. La proteína y la fibra son buenas fuentes de energía.

- Haga ejercicio—camine por lo menos quince minutos varias veces por semana. Pida a un amigo que le acompañe o únase a un grupo. El ejercicio libera endorfinas en el cerebro, una sustancia natural que mejora el ánimo.

- Hable con un consejero, terapeuta, o clérigo.

- Encuentre una manera de conectarse con Dios—lea la Biblia, ore, adore, etc. Si es difícil y no puede concentrarse, intente alguna de estas opciones: escuchar música, contemplar la naturaleza, escuchar un audio de la Biblia en un dispositivo electrónico o lea oraciones de libros escritos especialmente para padres que están sufriendo.

- Si tiene síntomas físicos persistentes, haga una cita con su doctor para un examen general.

- Participe en un grupo de apoyo.

- Simplifique su vida. Pare todas las actividades no esenciales tanto como sea posible. Usted necesita todas sus reservas para hacer frente a la situación.

- Busque algunos amigos confiables, no prejuiciosos. Comparta honestamente con ellos. No esconda o disfrace sus sentimientos. Los secretos enferman. Limite la cantidad de tiempo que se permita hablar sobre su hijo. Hacerlo mucho es contraproducente.

- Disfrute un pasatiempo o cultive uno nuevo. Es una distracción positiva.

- Saque tiempo para divertirse. Haga lo que lo renueve.

Sagradas Escrituras:

Mateo 11.28

"Venid a mí todos los que estáis trabajados y cargados, y yo os haré descansar."

Isaías 40.29

"El da esfuerzo al cansado, y multiplica las fuerzas al que no tiene ninguna."

NOTAS

Sesión 21

ESPERANZA

ESPERANZA

Definición

"Un sentimiento y expectativa de que una cierta cosa ocurra; sensación de confianza (www.dictionary.com)"; desear que algo se haga realidad en el futuro; anticipar, buscar o desear algo o a alguien.

Esperanza Firme y Esperanza Frágil

- Dios ama y se preocupa por nuestros hijos más que nosotros mismos y nunca dejará de buscarlos.

- Dios es mi aliado, no mi adversario.

- Yo crié a mi hijo en la fe y algún día volverá a ella.

- Un día, mi hijo será libre de su adicción, problemas mentales, autolesiones, etc.

- No estoy solo. Dios prometió que nunca me dejará ni me abandonará.

- Si creo y oro fervientemente, mi hijo no experimentará consecuencias negativas ni permanentes.

La esperanza firme necesita permanecer en quien es Dios y lo que Él ha hecho por nosotros en Cristo. Él estará con nosotros; Él nos ayudará y usará todo nuestro dolor para hacernos más como Su Hijo. Ese es Su objetivo final.

La esperanza firme también descansa en las promesas de Dios, en lo que Su Palabra dice que Él hará por nosotros.

La esperanza es real. Dios puede hacer lo imposible. Él transforma vidas todos los días. Pero hay una situación aquí—el libre albedrío de otra persona está envuelto. No tenemos control sobre su elección. Nuestro reto es no aferrarnos demasiado a la esperanza que tenemos de nuestros hijos porque es esperanza frágil. Hay que seguir creyendo en lo imposible, pero tener la mano abierta para recibir lo que Dios permita.

Queremos poder decir, como aquellos tres varones de Dios que estaban a punto de ser arrojados al horno de fuego: "He aquí nuestro Dios a quien servimos puede librarnos del horno de fuego ardiendo; y de tu mano, oh rey, nos librará. y si no, sepas, oh rey, que no serviremos a tus dioses, ni tampoco adoraremos la estatua que has levantado" (Daniel 3.17-18).

Nuestra meta es afirmar que "incluso si él no lo hace…si mi hijo no cambia mientras estoy vivo o si no cambia jamás, aún así, yo seguiré confiando en Ti, Señor."

Citas de Esperanza

"No es que estemos dudando de que Dios hará lo que es mejor para nosotros; la pregunta es qué tan doloroso será lo mejor." — C.S. Lewis

"Nuestra esperanza no debe estar en el comportamiento de otros o en la duración de nuestras pruebas." — Mark Gregston

"Nuestra esperanza está solo en Dios. Confiamos en el qué, el cómo y el cuándo de Su plan." — Dena Yohe

"La esperanza es la certeza de que Dios se preocupa por nuestros hijos más que nosotros mismos y nunca parará de buscarlos." — Dena Yohe

"Debemos aceptar la decepción en lo finito, pero nunca perder la esperanza en lo infinito." — Martin Luther King Jr.

"No hay medicina como la esperanza, ni estímulo más grande, ni tónico más poderoso que la expectativa de un mejor mañana." — Dietrich Bonhoeffer

Actividad de Esperanza

Un acróstico de la palabra esperanza en inglés - HOPE

Holding – aferrarse

On to – a las

Promises – promesas

Expectantly – en expectativa

Hay más de siete mil promesas en la Biblia. Aprendernos muchas de ellas puede ayudar a construir una esperanza firme en la que poder descansar. Como grupo, hagamos una lluvia de ideas sobre esas promesas. No es necesario recitar la Biblia exactamente o repetir las citas, basta compartir lo que les venga a la mente.

*Véase "Promesas" en el Apéndice.

Sagradas Escrituras:

Romanos 15:13

Y el Dios de esperanza os llene de todo gozo y paz en el creer, para que abundéis en esperanza por el poder del Espíritu Santo."

Salmo 62.5

"Alma mía, en Dios solamente reposa, porque de Él es mi esperanza."

Proverbios 3.5–6

Fíate de Jehová de todo tu corazón, y no te apoyes en tu propia prudencia. Reconócelo en todos tus caminos, y Él enderezará tus veredas."

Juan 14.1

"No se turbe vuestro corazón; creéis en Dios, creed también en mí."

Daniel 3.17–18

"He aquí nuestro Dios a quien servimos puede librarnos del horno de fuego ardiendo; y de tu mano, oh rey, nos librará. y si no, sepas, oh rey, que no serviremos a tus dioses, ni tampoco adoraremos la estatua que has levantado."

Romanos 8.24 25

"Porque en esperanza fuimos salvos; pero la esperanza que se ve, no es esperanza; porque lo que alguno ve, ¿a qué esperarlo? Pero si esperamos lo que no vemos, con paciencia lo aguardamos."

Salmo 147.11

"Se complace Jehová en los que le temen, y en los que esperan en Su misericordia."

NOTAS

Sesión 22

RESILIENCIA

RESILIENCIA

Definición

Capacidad de recuperarse rápidamente de dificultades; elasticidad; habilidad para reestablecerse, adaptarse y cambiar cuando se es estirado (forzado).

Preguntas de Discusión

¿De qué maneras se han sentido estirados o retorcidos?

¿Es esta una cualidad que sienten que necesitan? ¿Por qué o por qué no?

Si nos estiran mucho, nos pueden romper. ¿Tienen ustedes un punto de ruptura? ¿Cuál es?

¿Cómo Podemos Hacernos Resilientes?

1. Mantener la salud emocional—no permitir abuso emocional, físico, o verbal.

2. Mantener la salud física—llevar buena dieta, descanso adecuado, manejar condiciones médicas, hacer ejercicio regularmente; para liberar endorfinas y mejorar de forma natural el sentido de bienestar.

3. Conocer y confiar en nuestra verdadera identidad—quién soy (hijo de Dios) y a quién pertenezco (a Dios).

4. Distinguir entre mentiras y verdades; enfocarse en lo positivo; evitar lo negativo, usar el pensamiento crítico.

5. Saber cuál en nuestro eterno destino—el cielo , junto a Dios para siempre.

6. Se parte de una comunidad—un sistema de apoyo confiable; amistades fuertes con personas leales, cariñosas, sin prejuicios; la iglesia, estudios Bíblicos o grupos de apoyo.

7. Conocer nuestros límites y trazar líneas claras; no justificando o patrocinando; saber cuando decir no y no ceder.

8. Negarse a aislarse en tiempos de crisis y angustias; estar dispuestos a dejarle saber a otros cuando tenemos necesidad; compartir nuestras luchas de forma abierta y auténtica.

9. Cultivar o aprender un pasatiempo: música. arte, lectura, jardinería, deportes (pesca, canotaje, golf, bolos, natación, caminar, escalar, ciclismo, billar, tenis, etc.), manualidades o costura, mascotas, fotografía, ebanistería, etc.

10. Conocerse bien uno mismo; ser capaz de identificar los sentimientos y tomar oportunidades para hablar sobre ellos honestamente con un amigo, clérigo, mentor, consejero, o en un grupo pequeño o grupo de apoyo.

11. Cultivar una fe fuerte en Dios y crecer en esa relación.

12. Desarrollar una disposición de gratitud—una actitud de agradecimiento. Hacer una lista y añadirle algo cada día. Ayuda a desarrollar agrado e incluso gozo en medio de las pruebas.

13. Sacar tiempo para divertirse—la risa es una buena medicina.

14. Hacer algo que se disfruta sólo por el gusto de hacerlo.

Sagradas Escrituras:

Romanos 15:4

"Porque las cosas que se escribieron antes, para nuestra enseñanza se escribieron, a fin de que por la paciencia y la consolación de las Escrituras, tengamos esperanza."

Santiago 5.11

"He aquí, tenemos por bienaventurados a los que sufren."

Hebreos 12.3

"Considerad a aquel que sufrió tal contradicción de pecadores contra sí mismo, para que vuestro ánimo no se canse hasta desmayar."

2 Corintios 4.16

"Por tanto, no desmayamos; antes aunque este nuestro hombre exterior se va desgastando, el interior no obstante se renueva de día en día."

2 Corintios 4.8-9

"que estamos atribulados en todo, mas no angustiados; en apuros, mas no desesperados; perseguidos, mas no desamparados; derribados, pero no destruidos"

Gálatas 6.9

"No nos cansemos, pues, de hacer bien; porque a su tiempo segaremos, si no desmayamos."

Reflexión

Lo opuesto a resiliencia es rigidez, dureza o fracaso. ¿Ha tenido su jornada este efecto en ustedes? Puede que necesitemos más resiliencia de lo que pensamos. Tomemos unos minutos a solas para hablar con Dios. Cada uno pídale que lo ayude a ser mas resiliente.

NOTAS

Appéndices

ORACIÓN DE LA SERENIDAD

Señor, concédeme la serenidad

para aceptar las cosas que no puedo cambiar;

el valor para cambiar las cosas que puedo cambiar;

y la sabiduría para reconocer la diferencia.

Viviendo un día a la vez;

Disfrutando cada momento a la vez;

Aceptando las dificultades como el camino hacia la paz;

Aceptando, como Él lo hizo, este mundo pecador tal como es,

no como yo quisiera que fuera;

Creyendo que Él hará bien todas las cosas

si yo me rindo a Su voluntad;

qué sea yo algo feliz en esta vida;

y supremamente feliz con Él

por siempre en la futura.

Amén.

-Reinhold Niebhur

EL PADRE NUESTRO

Padre Nuestro, que estás en los Cielos,

Santificado sea Tu Nombre,

Venga a nosotros Tu Reino,

Hágase Tu Voluntad, así en la tierra como en el Cielo.

El pan nuestro de cada día dánoslo hoy,

Perdona nuestras ofensas, así como nosotros perdonamos a quiénes

nos ofenden,

y no nos dejes caer en la tentación, mas líbranos del mal.

Amén.

TE BENDIGO

Te bendigo con una esperanza inquebrantable.

Romanos 15:13

"Que el Dios de esperanza os llene de todo gozo y paz en el creer,

para que abundéis en esperanza por el poder del Espíritu Santo."

Te bendigo con una fe inamovible, para que pase lo que pase, sepas que Dios está contigo.

Te bendigo con una alegría indescriptible que desafíe la razón.

Te bendigo con una paz inalterable en toda circunstancia, por la certeza de que el Dios viviente es tu constante compañero.

Te bendigo con una increíble y sobrenatural capacidad de confiar, sin importar lo que estés viendo.

Te bendigo con una inimaginable fortaleza divina, que supere con creces la tuya y que sea suficiente para llevarte a través de todo lo que se presente en tu camino.

Te bendigo con una inusual unción del Espíritu Santo, de manera que con Su ilimitado poder, el "Dios de esperanza" te llene de abundante gozo, paz, esperanza y fortaleza mientras recorres este difícil camino con tu hijo.

Te bendigo en el hermoso nombre de Jesús.

Amén.

Dena Yohe 2013

DECLARACIÓN DE LIBERACIÓN

Somos egoístas por naturaleza. Nadie nos enseña a querer las cosas a nuestra manera. Cuando alguien no hace las cosas de la forma que queremos, tratamos de cambiarlas para que sean de la forma que creemos que es correcta y mejor. Podemos sentir que alguien va por el camino equivocado y queremos hacerlo volver al camino que creemos correcto. Podemos llamarlo preocupación, pero puede que en realidad sea egoísmo y control. No importa lo mucho que tengamos la razón, estamos equivocados al tratar de controlar a otros y hacer que se ajusten a nuestros deseos, incluso deseos bondadosos. Es trabajo de Dios cambiar a las personas, no nuestro. Tenga cuidado de tratar de controlar a los demás. Déjeselos a Dios parar que Él puede lograr Su perfecta voluntad en sus vidas.

Haga esta declaración de liberación[4] tantas veces cómo sea necesario:

Porque Jesucristo es mi Señor, te libero de mi ansiedad, lágrimas y control. Confío en que el Espíritu Santo te guiará y te mostrará cual es el camino correcto para tí, el camino de amor, gozo y paz y todo lo que incluye la salvación.

Te presento ante el trono de gracia de Dios. No puedo forzar mi voluntad en tí. No puedo vivir tu vida por tí. Te entrego a Dios Padre, Hijo y Espíritu Santo. Eres una persona muy especial. Te amo mucho pero Dios te ama aún más. Hoy, tu vida está completamente en Sus manos y para eso, yo confío en Él.

En el nombre de Jesús…

Te libero de mis expectativas,

Te pongo en las manos extendidas del Señor,

Te doy mi bendición,

Te dejo ir.

En Su amor,

(Firma)_____

Fecha _____

"Dios es el que en vosotros produce así el querer como el hacer, por su buena voluntad. Estando persuadido de esto, que el que comenzó en vosotros la buena obra, la perfeccionará hasta el día de Jesucristo" (Filipenses 2:13, 1:6).

---

[4] Prayer Portions L 1991. 1992. 1995. Sylvia Gunter. P.O. Box 380333, Binningham, AL 35238 USA. Derechos Reservados. Uso autorizado

OCHO VERDADES PARA SU CORAZÓN

¿Está el miedo tomando control de su vida? Cuando realmente piensa en ello, ¿tiene miedo de decir "no", miedo de no ayudar, miedo de mostrar su enojo o su dolor, miedo de mostrar su confusión, miedo de la incertidumbre, de lo que pasará, de no tener el control, de no tener garantías?

<u>Recuerde estas 8 verdades para su corazón:</u>

1. Dios está en control, incluso cuando no lo parece.

2. Usted no está solo.

3. Usted y su hijo están en Sus manos.

4. No importa lo que pase, usted va a estar bien.

5. Con ayuda de Dios usted puede manejar cualquier cosa.

6. Usted puede pedir ayuda a otros.

7. Usted puede acercarse a Dios en oración en cualquier momento y lugar.

8. Usted puede soltar y dejar a Dios trabajar.

Al-Anon dice, "Nosotros entregamos nuestra voluntad y nuestra vida al cuidado de Dios…" Eso es exactamente lo que debemos seguir haciendo una y otra vez.

Salmo 71:2

"Sé para mí una roca de refugio, adonde recurra yo continuamente…"

DESCANSO EN LA VICTORIA

NO HAY NADA -NI CIRCUNSTANCIA, NI PRUEBA-

QUE PUEDA JAMÁS TOCARME, SIN QUE PRIMERO,

HAYA PASADO POR DIOS Y PASADO POR CRISTO, PARA LLEGAR A MI.

SI HA LLEGADO TAN LEJOS, TIENE UN GRAN PROPÓSITO EL CUAL PUEDE QUE YO
NO COMPRENDA EN ESTE MOMENTO.

ME NIEGO A CONVERTIRME EN PRESA DEL PÁNICO,

MIENTRAS LEVANTO MIS OJOS A ÉL Y LA ACEPTO

COMO PROVENIENTE DEL TRONO DIVINO

PARA UN GRAN PROPÓSITO O BENDICIÓN PARA MI PROPIO CORAZÓN.

NINGUNA PENA ME TURBARÁ,

NINGUNA PRUEBA ME DESARMARÁ,

NINGUNA CIRCUNSTANCIA ME INQUIETARÁ.

PORQUE DESCANSARÉ EN EL GOZO DE QUIEN ES MI SEÑOR.

Y ESE ES EL DESCANSO DE LA VICTORIA!

ALAN REDPATH

PROMESAS

❖ *No estoy solo. Dios está conmigo y nuca me dejará ni me abandonará.*

"Dios dijo: No te desampararé, ni te dejaré" (Hebreos 13:5b).

"Jehová de los ejércitos está con nosotros; nuestro refugio es el Dios de Jacob" (Salmo 46:7).

"No temas, porque yo estoy contigo; no desmayes, porque yo soy tu Dios que te esfuerzo; siempre te ayudaré, siempre te sustentaré con la diestra de mi justicia" (Isaías 41:10).

"Enseñándoles que guarden todas las cosas que os he mandado; y he aquí yo estoy con vosotros todos los días, hasta el fin del mundo. Amén." (Mateo 28:20).

❖ *Dios me ama a mí y a mi hijo con su infalible y eterno amor.*

"Porque de tal manera amó Dios al mundo, que ha dado a su Hijo unigénito, para que todo aquel que en él cree, no se pierda, mas tenga vida eterna" (Juan 3:16).

❖ *Toda la ayuda que necesito viene del Espíritu Santo – Ayudador, Defensor, Consejero y*

Consolador.

"Y yo rogaré al Padre, y os dará otro Consolador, para que esté con vosotros para siempre" (Juna 14:16).

"Mas el Consolador, el Espíritu Santo, a quien el Padre enviará en mi nombre, él os enseñará todas las cosas, y os recordará todo lo que yo os he dicho" (Juan 14:26).

" Pero cuando venga el Consolador, a quien yo os enviaré del Padre, el Espíritu de verdad, el cual procede del Padre, él dará testimonio acerca de mí" (Juan 15:26).

"Pero yo os digo la verdad: Os conviene que yo me vaya; porque si no me fuera, el Consolador no vendría a vosotros; mas si me fuere, os lo enviaré" (Juan 16:7).

❖ *Jesús ora por mí todo el tiempo.*

"por lo cual puede también salvar perpetuamente a los que por él se acercan a Dios, viviendo siempre para interceder por ellos" (Hebreos 7:25).

❖ *Dios quiere ayudar a mi hijo, nunca dejará de buscarlo. El no quiere que nadie perezca.*

"El Señor no retarda su promesa, según algunos la tienen por tardanza, sino que es paciente para con nosotros, no queriendo que ninguno perezca, sino que todos procedan al arrepentimiento" (2 Pedro 3:9).

❖ *Dios es paciente y tardo para la ira hacia mi hijo.*

"Y pasando Jehová por delante de él, proclamó: ¡Jehová! ¡Jehová! fuerte, misericordioso y piadoso; tardo para la ira, y grande en misericordia y verdad" (Éxodo 34:6).

"El amor es sufrido, es benigno; el amor no tiene envidia, el amor no es jactancioso, no se envanece" (1 Corintios 13:4).

❖ *Dios siempre escucha mis oraciones.*

"Jehová está lejos de los impíos; pero él oye la oración de los justos" (Proverbios 15:29).

❖ *Dios cumplirá Su propósito en mi vida.*

"Jehová de los ejércitos juró diciendo: Ciertamente se hará de la manera que lo he pensado, y será confirmado como lo he determinado" (Isaías 14:24).

❖ *Dios me dará las fuerzas necesarias.*

"El da esfuerzo al cansado, y multiplica las fuerzas al que no tiene ningunas. Los muchachos se fatigan y se cansan, los jóvenes flaquean y caen;" (Isaías 40:29-30).

❖ *Puedo sentir gozo durante la prueba.*

"Aunque la higuera no florezca, Ni en las vides haya frutos, Aunque falte el producto del olivo, Y los labrados no den mantenimiento, Y las ovejas sean quitadas de la majada, Y no haya vacas en los corrales; Con todo, yo me alegraré en Jehová, y me gozaré en el Dios de mi salvación. Jehová el Señor es mi fortaleza, El cual hace mis pies como de ciervas, y en mis alturas me hace andar" (Habacuc 3:17-19).

❖ *No necesito preocuparme por nada, sino orar para tener paz de mente y corazón.*

"Por nada estéis afanosos, sino sean conocidas vuestras peticiones delante de Dios en toda oración y ruego, con acción de gracias. Y la paz de Dios, que sobrepasa todo entendimiento, guardará vuestros corazones y vuestros pensamientos en Cristo Jesús" (Filipenses 4:6-7).

❖ *Hay un propósito para nuestro dolor.*

"Y esto mismo os escribí, para que cuando llegue no tenga tristeza de parte de aquellos de quienes me debiera gozar; confiando en vosotros todos que mi gozo es el de todos vosotros. Porque por la mucha tribulación y angustia del corazón os escribí con muchas lágrimas, no para que fueseis contristados, sino para que supieseis cuán grande es el amor que os tengo" (2 Corintios 2:3-4).

"Pero tenemos este tesoro en vasos de barro, para que la excelencia del poder sea de Dios, y no de nosotros, que estamos atribulados en todo, mas no angustiados; en apuros, mas no desesperados; perseguidos, mas no desamparados; derribados, pero no destruidos; llevando en el cuerpo siempre por todas partes la muerte de Jesús, para que también la vida de Jesús se manifieste en nuestros cuerpos" (2 Corintios 4:7-10).

❖ *Siempre hay esperanzas.*

"Así ha dicho Jehová: Reprime del llanto tu voz, y de las lágrimas tus ojos; porque salario hay para tu trabajo, dice Jehová, y volverán de la tierra del enemigo. Esperanza hay también para tu porvenir, dice Jehová, y los hijos volverán a su propia tierra" (Jeremías 31:16-17).

"¿Por qué te abates, oh alma mía y te turbas dentro de mí? Espera en Dios; porque aún he de alabarle, salvación mía y Dios mío" (Salmo 42:5).

"Mas yo esperaré siempre, y te alabaré más y más. Mi boca publicará tu justicia y tus hechos de salvación todo el día, aunque no sé su número" (Salmo 71:14-15).

❖ *Dios será mi guía.*

"Jehová es mi pastor; nada me faltará. En lugares de delicados pastos me hará descansar; Junto a aguas de reposo me pastoreará. Confortará mi alma; me guiará por sendas de justicia por amor de su nombre" (Salmo 23:1-3).

"No tendrán hambre ni sed, ni el calor ni el sol los afligirá; porque el que tiene de ellos misericordia los guiará, y los conducirá a manantiales de aguas" (Isaías 49:10).

❖ *Dios me dará sabiduría.*

"Y si alguno de vosotros tiene falta de sabiduría, pídala a Dios, el cual da a todos abundantemente y sin reproche, y le será dada" (Santiago 1:5).

❖ *Este dolor no durará por siempre.*

"Pues tengo por cierto que las aflicciones del tiempo presente no son comparables con la gloria venidera que en nosotros ha de manifestarse" (Romanos 8:18).

"Y oí una gran voz del cielo que decía: He aquí el tabernáculo de Dios con los hombres, y él morará con ellos; y ellos serán su pueblo, y Dios mismo estará con ellos como su Dios. Enjugará Dios toda lágrima de los ojos de ellos; y ya no habrá muerte, ni habrá más llanto, ni clamor, ni dolor; porque las primeras cosas pasaron" (Apocalipsis 21:3-4).

❖ Dios sigue siendo Bueno.

"¡Cuán grande es tu bondad, que has guardado para los que te temen, que has mostrado a los que esperan en ti, delante de los hijos de los hombres" (Salmo 31:19)!

"Les das, recogen; abres tu mano, se sacian de bien" (Salmo 104:28).

"Vuelve, oh alma mía, a tu reposo, porque Jehová te ha hecho bien" (Salmo 116:7).

❖ Nada me separará del amor de Dios.

"Por lo cual estoy seguro de que ni la muerte, ni la vida, ni ángeles, ni principados, ni potestades, ni lo presente, ni lo por venir, ni lo alto, ni lo profundo, ni ninguna otra cosa creada nos podrá separar del amor de Dios, que es en Cristo Jesús Señor nuestro" (Romanos 8:38-39).

❖ A Dios le importa mi dolor. El llora conmigo. Recoge mis lágrimas en Su botella; enjuga mis lágrimas.

"Echando toda vuestra ansiedad sobre él, porque él tiene cuidado de vosotros" (1 Pedro 5:7).

"Mis huidas tú has contado; pon mis lágrimas en tu redoma; ¿No están ellas en tu LIBRO" (SALMO 56:8)?

"Y oí una gran voz del cielo que decía: He aquí el tabernáculo de Dios con los hombres, y él morará con ellos; y ellos serán su pueblo, y Dios mismo estará con ellos como su Dios. Enjugará Dios toda lágrima de los ojos de ellos; y ya no habrá muerte, ni habrá más llanto, ni clamor, ni dolor; porque las primeras cosas pasaron" (Apocalipsis 21:3-4).

❖ Superaré esto porque el Señor es mi ayuda y mi fortaleza.

"Dios es nuestro amparo y fortaleza, nuestro pronto auxilio en las tribulaciones. Por tanto, no temeremos, aunque la tierra sea removida, y se traspasen los montes al corazón del mar . . ." (Salmo 46:1-2).

"No temas, porque yo estoy contigo; no desmayes, porque yo soy tu Dios que te esfuerzo; siempre te ayudaré, siempre te sustentaré con la diestra de mi justicia" (Isaías 41:10).

❖ Dios en confiable y fiel.

"Porque ha engrandecido sobre nosotros su misericordia, y la fidelidad de Jehová es para siempre" (Salmo 117:2).

❖ *Dios puede hacer lo imposible.*

"Ellos se asombraban aun más, diciendo entre sí: ¿Quién, pues, podrá ser salvo? Entonces Jesús, mirándolos, dijo: Para los hombres es imposible, mas para Dios, no; porque todas las cosas son posibles para Dios" (Marcos 1:26-27).

❖ *Dios es capaz de hacer más de lo que yo puedo pensar o imaginar.*

"Y a Aquel que es poderoso para hacer todas las cosas mucho más abundantemente de lo que pedimos o entendemos, según el poder que actúa en nosotros" (Efesios 3:20).

❖ *Dios nos da cada día gracia suficiente y poder para nuestra debilidad.*

"Y me ha dicho: Bástate mi gracia; porque mi poder se perfecciona en la debilidad. Por tanto, de buena gana me gloriaré más bien en mis debilidades, para que repose sobre mí el poder de Cristo. Por lo cual, por amor a Cristo me gozo en las debilidades, en afrentas, en necesidades, en persecuciones, en angustias; porque cuando soy débil, entonces soy fuerte" (2 Corintios 12:9-10).

❖ *Dios me sostendrá en este difícil momento.*

"He aquí, Dios es el que me ayuda; El Señor está con los que sostienen mi vida" (Salmo 54:4).

"Echa sobre Jehová tu carga, y él te sustentará; no dejará para siempre caído al justo" (Salmo 55:22).

❖ *Dios es Bueno y perdonador, grande en Misericordia para los que invocan Su nombre.*

"Porque tú, Señor, eres bueno y perdonador, y grande en misericordia para con todos los que te invocan" (Salmo 86:5).

❖ *La tristeza piadosa produce arrepentimiento para salvación sin remordimientos.*

"Porque la tristeza que es según Dios produce arrepentimiento para salvación, de que no hay que arrepentirse; pero la tristeza del mundo produce muerte" (2 Corintios 7:10).

❖ *Dios bendice a los suyos con paz*

"Jehová dará poder a su pueblo; Jehová bendecirá a su pueblo con paz" (Salmo 29:11).

❖ *Cuando oramos, Dios responde.*

"El día que clamé, me respondiste; me fortaleciste con vigor en mi alma" (Salmo 138:3).

❖ *Dios está cera de los quebrantados y salva a los contritos de espíritu.*

"Cercano está Jehová a los quebrantados de corazón; y salva a los contritos de espíritu" (Salmo 34:18).

❖ *Dios nos consolará en todos nuestros problemas.*

"Bendito sea el Dios y Padre de nuestro Señor Jesucristo, Padre de misericordias y Dios de toda consolación, el cual nos consuela en todas nuestras tribulaciones, para que podamos también nosotros consolar a los que están en cualquier tribulación, por medio de la consolación con que nosotros somos consolados por Dios. Porque de la manera que abundan en nosotros las aflicciones de Cristo, así abunda también por el mismo Cristo nuestra consolación" (2 Corintios 1:3-5).

❖ *Puedo enfrentar todas las cosas en Cristo que me da fortaleza.*

"Todo lo puedo en Cristo que me fortalece" (Filipenses 4:13).

❖ *Dios nos restaurará otra vez.*

"Aunque me has hecho pasar por dificultades y malos ratos, me revivirás y me harás volver de las profundidades de la tierra. Acrecentarás mi grandeza y volverás a consolarme" (Salmo 71:20-21).

LIBROS Y RECURSOS RECOMENDADOS

En Español

Alivio y Consuelo

Beattie, Melody. *Ya No Seas Codependiente: Cómo Vivir y Evitar una Relación Enferma con Seres Qeuriso que son Comedores Compulsivos, Adictos al Alcohol, Tabaco, Drogas, Sexo.* 2 Ed. Hazelden, 2012.

Guthrie, Nancy. *Aferrándose a la Esperanza.* Tyndale House Publishers Español. 2008.

Hersh, Sharon. *Mamá, Detesto Mi Vida.* Unilit. 2008.

Lucas, Jeff. *¿Regresará tu Hijo Pródigo?* Vida, 2008.

Maldonado, Jorge E. *Aun en Las Mejores Familias.* Libros Desafío. 2007

Maldonado, Jorge E. *Crisis, Pérdidas y Consolación en la Familia.* Libros Desafío. 2005

Voskamp, Ann. *Un Millar de Obsequios: El Desafío a Tener Plenitud de Vida Allí Mismo Donde Estás.* Vida, Translation Edition, 2013.

Vujicic, Nick. *Una Vida Sin Límites.* Aguilar, Translation edition, 2010.

Warren, Rick. *Una Vida con Propósito.* Vida, 2012.

Wright, H. Norman. *Sin Condiciones. Un Manual Para Padres con Hijos Pródigos.* Mundo Hispano, 2015.

Oración

Banks, James. *Oraciones Por Los Pródigos.* Nuestro Pan Diario. Translation Edition, 2017.

Logan, Jim. *Recuperemos El Terreno Perdido: Protegiendo a su Familia de los Ataques Espirituales.* Create Space Independent Publishing Platform, 2013.

Omartian, Stormie. *El Poder de los Padres que Oran.* Unilit, 2013.

_____. *El Poder de la Oración por tus Hijos Adultos.* Unilit, 2014.

Website

Oración por los Hijos Pródigos - envía un correo electrónico si deseas unirte a este sitio. Es confidencial, protegido con contraseña y tiene la opción de traducirse a Español.

Adicción

Alcoholicos Anónimos. *El Libro Grande. El Texto Básico.* 3rd ed. Hazelden, 2008. Disponible en las reunions y en línea.

Al-Anon, *Un Día a la Vez.* Disponible en las reuniones y en línea.

Websites:

Adicciones Comportamentales. http://www.psicologiaespecializada.es/adicciones.html

Al-Anon Family Groups, www.al-anon.org.es

Codependientes Anónimos, www.spanish.coda.org

Nar-Anon Family Groups International, www.nar-anon.org

Cantú, Francisco A., (2012). *Recuperando el Sentido Común. Abuso de Alcohol y/o Uso de Drogas. Una Guía para la Familia.* www.clinicacantu.com; www.revistaadicciones.com; www.consentidocomun.com.

Carnes, P. "La Pornografía y el Internet en el mundo de hoy". *Enriquecimiento*, Otoño 2005. www.enrichmentjournal_sp.

Grau, Sara, Ortega, David, Sierra, Angel. (2006) *Nuevas Adicciones, Síndromes y Trastornos.* Barcelona, España. Publicaciones Andamio.

Latino L.I.F.E. http://www.freedomeveryday.org/sexual-addiction-articles/viewArticle.php?articleID=104

Struthers, W. "La Adicción a la Pornografía en el cerebro". *Enriquecimiento*, Verano 2011. www.enrichmentjournal_sp. http://www.adicciones.org/familia/index.html

Límites y Relaciones

Cloud, Henry, and John Townsend. *Límites: Cuando Decir Si, Cuando Decir No. Tome el Control de su Vida.* Vida, 2006.

Smalley, Gary. *El ADN de las Relaciones.* Tyndale Español. 2005

Bullying

Stop Bullying. https://espanol.stopbullying.gov/

Salud Mental

Biehl, Bobb. *Por Qué Hace Lo Que Hace.* Unilit. 2009

Jamison, Kay Redfield. *Una Mente Inquieta.* Tusquets. 2002.

Websites

http://ibpf.org./ español

https://nami.org/Find-Support/Diverse-Communities/Latino-Mental-Health/La-salud-mental-en-la-comunidad-latina

https://www.psychologytoday.com/es/

En Inglés

General Comfort

Barnes, Emily. *My Cup Overflows…with the Comfort of God's Love*. Eugene, OR: Harvest House, 1998.

Coleman, Bill. *Parents with Broken Hearts: Helping Parents of Prodigals to Cope*. Rev. ed. Winona Lake, IN: BMH Books, revised edition, 2007.

Crabb, Larry. *Shattered Dreams: God's Unexpected Pathway to Joy*. Colorado Springs: WaterBrook, 2001.

Dobson, Dr. James. *When God Doesn't Make Sense*. Carol Stream, IL: Tyndale House, 1993.

Douglass, Judy. *When You Love a Prodigal: 90 Days of Grace for the Wilderness*. Minneapolis, MN: Bethany House, 2019

Dravecky, Dave. *Do Not Lose Heart: Meditations of Encouragement and Comfort*. Grand Rapids: Zondervan, 2001.

Guthrie, Nancy. *Holding on to Hope: A Pathway Through Suffering to the Heart of God*. Wheaton, IL: Tyndale, 2002.

_____. *The One Year Book of Hope*. Wheaton, IL: Tyndale House, 2005.

Kent, Carol. *A New Kind of Normal: Hope-filled Choices When Life Turns Upside Down*. Nashville: Thomas Nelson, 2007.

Kent, Carol. *When I Lay My Isaac Down: Unshakable Faith in Unthinkable Circumstances*. Colorado Springs: NavPress, 2004.

Lucado, Max. *God Will Use This for Good: Surviving the Mess of Life*. Nashville: Thomas Nelson, 2013.

_____. *It's Not About Me: Rescue from the Life We Thought Would Make Us Happy*. Nashville: Integrity, 2004.

Lucas, Jeff. *Will Your Prodigal Come Home? An Honest Discussion of Struggle and Hope*. Grand Rapids: Zondervan, 2007.

O'Rourke, Brendan, and DeEtte Sauer. *The Hope of a Homecoming: Entrusting Your Prodigal to a Sovereign God*. Colorado Springs: Navpress, 2003.

Thompson, Marjorie J., and Stephen D. Bryant. *Companions in Christ: The Way of Forgiveness: Participants Book.* Nashville: Upper Room, 2002.

Tworkowski, Jamie. *If You Feel Too Much: Thoughts on Things Found and Lost and Hoped For.* New York: Jeremy P. Tarcher, 2015.

Voskamp, Ann. *One Thousand Gifts: A Dare to Live Fully Right Where You Are.* Grand Rapids: Zondervan, 2010.

Vujicic, Nick. *Life Without Limits: Inspiration for a Ridiculously Good Life.* Colorado Springs: WaterBrook, 2010.

Walsh, Sheila. *Life is Tough but God is Faithful.* Nashville: Thomas Nelson, 1999.

Warren, Rick. *The Purpose Driven Life: What on Earth Am I Here For?* Grand Rapids: Zondervan, 2002.

Wright, H. Norman. *Experiencing Grief.* Nashville: B&H Publishing Group, 2004.

_____. *Loving a Prodigal: A Survival Guide for Parents of Rebellious Children.* Colorado Springs: Chariot Victor, 1999.

Yohe, Dena. *You Are Not Alone: Hope for Hurting Parents of Troubled Kids.* Colorado Springs: WaterBrook, 2016.

Yohe, Renee. *Purpose for the Pain.* Orlando, FL: Bonded Books, 2008.

Websites

Hope for Hurting Parents, www.HopeForHurtingParents.com

Prayer

Banks, James. *Prayers for Prodigals: 90 Days of Prayer for Your Child.* Grand Rapids: RBC Ministries, 2011.

Berndt, Jodie. *Praying the Scriptures for Your Teenagers: Discover How to Pray God's Will for Their Lives.* Grand Rapids: Zondervan, 2007.

Clare, Linda S. *Prayers for Parents of Prodigals.* Carol Stream, IL: Tyndale House, 2019.

Cosby, Sharron. *Praying for Your Addicted Loved One: 90 in 90.* Auburn, WA: Bookjolt, 2013.

Lanhart, Pam. *Praying Our Loved One Home*, Burnsvville, MN: Pam Lanhart, 2019.

Logan, Jim. *Reclaiming Surrendered Ground: Protecting Your Family from Spiritual Attacks.* Chicago: Moody: 1995.

Morgan, Robert J. *Moments for Families with Prodigals.* Colorado Springs: NavPress, 2003.

Omartian, Stormie. *The Power of a Praying Parent.* Eugene, OR: Harvest House, 2014.

_____. *The Power of Praying for Your Adult Children*. Eugene, OR: Harvest House, 2009.

Roberts, Lee. *Praying God's Will for My Daughter*. Rev. ed. Nashville: Thomas Nelson, 2002.

_____. *Praying God's Will for My Son*. Rev. ed. Nashville: Thomas Nelson, revised 2002.

Thompson, Janet. *Praying for Your Prodigal Daughter: Hope, Help and Encouragement for Hurting Parents*. New York: Howard Books, 2007.

Websites

Breakthrough, www.intercessors.org

Prayer for Prodigals, http://prayerforprodigals.com, developed by Cru (formerly Campus Crusade for Christ). Request an invitation via e-mail: prayerforprodigals@gmail.com. This is a password-protected site on which you can post prayer requests and receive prayers back from participants by e-mail. It's full of resources: Scripture verses, prayers, recommended books, inspirational devotionals, and places for help around the country for many issues (therapeutic boarding schools for teens, drug and alcohol rehabs, wilderness camps for youth, eating disorder programs, and more).

Facebook pages: 365 Days of Prayers for Prodigals; Prayer for Prodigals; and The Prodigal Hope Network.

Addiction

Alcoholics Anonymous. *The Big Book*. 4th ed. New York: Alcoholics Anonymous World Services, 2001. Available at meetings and online. Brochures available at meetings.

Al-Anon literature. *Courage to Change and One Day at a Time in Al-Anon II*. Available at meetings and online. Brochures available at meetings.

Conyers, Beverly. *Addict in the Family: Stories of Loss, Hope, and Recovery*. Center City, MN: Hazelden, 2003.

_____. *Everything Changes: Help for Families of Newly Recovering Addicts*. Center City, MN: Hazelden, 2009.

Hayden, Karilee and Wendi Hayden English. *Wild Child, Waiting Mom: Finding Hope in the Midst of Heartache*. Wheaton, IL: Tyndale, 2006.

Hersh, Sharon. *The Last Addiction: Why Self-Help if Not Enough, Own Your Desire, Live Beyond Recovery, Find Lasting Freedom*. Colorado Springs; WaterBrook, 2008.

White, John. *Parents in Pain: Overcoming the Hurt and Frustration of Problem Children*. Downers Grove, IL: Intervarsity Press, 1979.

VanVonderen, Jeff. *Hope and Help for the Addicted*. Grand Rapids: Revell, 2004.

Vawter, John, ed. *Hit by a Ton of Bricks*. Little Rock, AR: Family Life Publishing, 2003.

White, John. *Parents in Pain: A Book of Comfort and Counsel*. Downers Grove, IL: InterVarsity, 1979.

Websites

About Alcoholism, www.aboutalcoholism.org.

Al-Anon Family Groups, www.al-anon.org.

Celebrate Recovery, www.celebraterecovery.com.

Co-Dependents Anonymous; www.coda.org.

Nar-Anon Family Groups, www.nar-anon.org.

Boundaries

Adams, Jane. *When Our Grown Kids Disappoint Us: Letting Go of Their Problems, Loving Them Anyway, and Getting On with Our Lives*. New York: Free Press, 2003.

Beattie, Melodie. *CoDependent No More: How to Stop Controlling Others and Start Caring for Yourself*. Center City, MN: Hazelden, 1992.

Bottke, Allison. *Setting Boundaries with Your Adult Children*. Eugene, OR: Harvest House, 2008.

Cloud, Henry, and John Townsend. *Boundaries: When to Say Yes, When to Say No to Take Control of Your Life*. Grand Rapids: Zondervan, 1992.

Friends in Recovery. *The Twelve Steps for Christian from Addictive and Other Dysfunctional Families: Based on Biblical Teachings*. San Diego: Recovery Publications, 1988.

Rubin, Charles. *Don't Let Your Kids Kill You: A Survival Guide for Parents of Drug Addicts and Alcoholics*. 3rd ed. Petaluma, CA: NewCentury, 2010.

For Parents of Troubled Adolescents

Dobson, James. *The New Strong-Willed Child: Birth Through Adolescence*. Wheaton, IL: Tyndale, 2004.

Flury, Stacy Lee. *Turning the Tide of Emotional Turbulence: Devotions for Parents with Teens in Crisis*. Vineland, NJ: Pageant Wagon Publishing, 2019.

Gregston, Mark. *When Your Teen is Struggling*. Eugene, OR: Harvest House, 2007. See also the website www.heartlightministries.org.

Hersh, Sharon. *Mom, Everyone Else Does! Becoming Your Daughter's Ally in Responding to Peer Pressure to Drink, Smoke, and Use Drugs*. Colorado Springs: WaterBrook, 2005.

_____. *Mom I Feel Fat! Becoming Your Daughter's Ally in Developing a Healthy Body Image*. Colorado Springs: Shaw, 2001.

_____. *Mom Everyone Else Does! Becoming Your Daughter's Ally Through the Emotional Ups and /downs of Adolescence.* Colorado Springs: WaterBrook, 2004.

_____. *Mom, Sex is No Big Deal! Becoming Your Daughter's Ally in Developing a Healthy Sexual Identity.* Colorado Springs: Shaw, 2006.

Jantz, Gregory L. *When Your Teenager Becomes The Stranger in Your House.* Colorado Springs: David C. Cook, 2011.

Scott, Buddy. *Relief for Hurting Parents: What to Do and How to Think When You're Having Trouble with Your Kids.* Nashville: Oliver-Nelson Books, 1989. See also author's website: www.buddyscott.com.

Tripp, David. *Age of Opportunity: A Biblical Guide to Parenting Teens.* Phillipsburg, NJ: P&R Publishing, 1997, 2001. See also author's website: www.paultripp.com.

Website

Dr. Dobson's Family Talk, http://drjamesdobson.org.

Bullying

Bullying in a Cyber World, Grades 4 to 5. Rowley, MA: Didax, 2012. Additional materials are available for parents and schools.

Bullying in a Cyber World, Grades 6 to 8. (Rowley, MA: Didax, 2012). Additional materials are available for parents and schools.

Gerali, Dr. Steve. *What Do I Do When: Teenagers Encounter Bullying and Violence?* Grand Rapids: Zondervan, 2009.

Mayo Clinic Staff. *"Bullying: Help Your Child Handle a Bully."* August 23, 2013. www.mayoclinic.org/healthy-living/childrens-health/in-depth/bullying/art-20044918?pg=1.

Miller, Cindy, and Cynthia Lowen. *The Essential Guide to Bullying: Prevention and Intervention: Protecting Children and Teens from Physical, Emotional, and Online Bullying.* New York: Alpha Books, 2012.

National Education Association. *Bully Free: It Starts with Me.* The National Education Association (NEA; www.nea.org) program to stop bullying in public schools.

Students Against Being Bullied, SABB Inc., www.studentsagainstbeingbullied.org, offers antibullying programs that can be used in schools.

van der Zande, Irene. *"Face Bullying with Confidence: 8 KidPower Skills We Can Use Right Away."* Santa Cruz, CA: KidPower, 2011.

_____. *Kidpower Solutions*. Santa Cruz, CA: Kidpower, 2010.

Mental Health

Alcorn, Nancy. *Starved: Mercy for Eating Disorders*. Enumclaw, WA: Winepress Publishing, 2007.

Amador, Xavier. *I Am Not Sick, I Don't Need Help: How to Help Someone with Mental Illness Accept Treatment*. Peconic, NY: VidaPress, 2010. See also the website www.leapinstitute.org.

Bengtson, Michelle. *Hope Prevails: Insights from a Doctor's Personal Journey through Depression*. Grand Rapids: Revell, 2016.

Comer, John Mark. *My Name is Hope: Anxiety, Depression, and Life after Melancholy*. Portland, OR: Graphe, 2011.

Duke, Patty and Gloria Hochman. *A Brilliant Madness: Living with Manic-Depressive Illness*. New York, NY: Bantam, 1992.

Evans, Dwight L., and Linda Wasmer Andrews. *If Your Adolescent Has Depression or Bipolar Disorder: An Essential Resource for Parents*. New York: Oxford University Press, 2006.

Federman, Russ and J. Anderson Thompson, *Facing Bipolar: The Young Adult's Guide to Dealing with Bipolar Disorder*. Oakland, CA: New Harbinger, 2010.

Foa, Edna, and Linda Wasmer Linda Abdrews. *If Your Adolescent Has Depression or Bipolar Disorder: An Essential Resource for Parents*. New York: Oxford University Press, 2006.

Haughton, Debbie. "What Is EMDR and Can It Help My Child?" *Hope for Hurting Parents* (blog). http://HopeforHurtingParents.com/2014/06/18/what-is-emdr-and-can-it-help-my-child.

Hornbacher, Marya. *Wasted: A Memoir of Anorexia and Bulimia*. New York,: HarperCollins, 1999.

Jamison, Kay Redfield. *An Unquiet Mind*. New York: Knopf, 1995.

Levine, Jerome, and Irene S. Levine. *Schizophrenia for Dummies*. Hoboken, NJ: Wiley, 2009.

Mason, Paul T. MS and Randi Kreger. *Stop Walking on Eggshells: Taking Your Life Back When Someone You Care About has Borderline Personality Disorder*. Oakland, CA: New Harbinger, 2010.

Mondimore, Francis M. *Bipolar Disorder: A Guide for Patients and Families*. Baltimore: Johns Hopkins University Press, 1999.

Morrow, Jena, *Hope for the Hollow: A Thirty-Day Inside-Out Make-over for Women Recovering from Eating Disorders.* Raleigh, NC: Lighthouse Publishing, 2013.

Mueser, Kim T., and Susan Gingerich. *The Complete Family Guide to Schizophrenia: Helping Your Loved One Get the Most out of Life.* New York: Guilford Press, 2006.

Walsh, Sheila. *Loved Back to Life: How I Found the Courage to Live Free.* Nashville: Thomas Nelson, 2015.

Zayfert, Claudia, and Jason C. DeViva. *When Someone You Love Suffers from Posttraumatic Stress: What to Expect and What You can Do.* New York: Guilford Press, 2011.

Websites

Bring Change 2 Mind, www.bringchange2mind.org.

International Bipolar Foundation (IBPF), http://ibpf.org.

National Alliance on Mental Illness (NAMI), www.nami.org.

To find a counselor: www.findchristiancounselor.com or www.psychologytoday.com

Self-Injury (Self-Harm, Self-Mutilation)

Alcorn, Nancy. *Cut.* Enumclaw, WA: Winepress, 2007.

Leatham, Victoria. *Blood Letting: A Memoir of Secrets, Self-Harm, and Survival.* Oakland, CA: New Harbinger, 2006.

Strong, Marilee. *A Bright Red Scream: Self-Mutilation and the Language of Pain.* New York: Viking, 1998.

S.A.F.E. Alternatives (Self Abuse Finally Ends), selfinjury.com; Need help? Call 800-DONTCUT (366-8288) Information line.

Websites

The Butterfly Project, www.butterfly-project.tumblr.com.

Mercy Multiplied, http://mercymultiplied.com.

SAFE Alternatives (Self Abuse Finally Ends), www.selfinjury.com; information hotline: 800-DONTCUT (366-8288).

Self-Mutilators Anonymous (SMA), www.selfmutilatorsanonymous.org.

Same-Sex Attraction

Dallas, Joe. *The Gay Gospel? How Pro-Gay Advocates Misread the Bible.* Eugene, OR: Harvest House, 2007.

_____. *When Homosexuality Hits Home: What to Do When a Loved One Says They're Gay*. Eugene, OR: Harvest House, 2004.

Haley, Mike. *101 Frequently Asked Questions About Homosexuality*. Eugene, OR: Harvest House, 2004.

Johnson, Barbara. *When Your Child Breaks Your Heart: Help for Hurting Moms*. Grand Rapids: Baker Publishing, 1979.

Kaltenbach, Caleb. *Messy Grace: How a Pastor with Gay Parents Learned to Love Others Without Sacrificing Conviction*. Colorado Springs: WaterBrook, 2015.

Martin, Andrew. *Love Is an Orientation: Elevating the Conversation with the Gay Community*. Downers Grove, IL: InterVarsity, 2009.

Worthen, Anita and Bob Davies. *Someone I Love is Gay: How Family and Friends Can Respond*. Downers Grove, IL: InterVarsity, 1996.

Yuan, Christopher and Angela Yuan. *Out of a Far Country*. Colorado Springs: WaterBrook, 2011.

Websites

Lead Them Home, www.leadthemhome.org

Living Stones Ministries, www.livingstonesministries.org

Sensory Processing Disorder

Heller, Sharon. *Too Loud, Too Bright, Too Fast, Too Tight: What to Do If You Are Sensory Defensive in an Overstimulating World*. New York: Harper Collins, 2002. See also author's website: www.sharonheller.net.

Kranowitz, Carol. *The Out of Sync Child: Recognizing and Coping with Sensory Processing Disorder*. New York: Penguin, 2005. See also the STAR Center: Sensory Therapies and Research website: www.spdstar.org.

Sexual Abuse

The Healing Tree. Orange County, FL. http://caccentral.com/the-healing-tree. Search online for sexual assault programs in your county or city to find help for yourself or your child.

Heitritter, Lynn and Jeanette Vough. *Helping Victims of Sexual Abuse*. Minneapolis: Baker, 2006.

Mann, Mary Ellen. *From Pain to Power: Overcoming Sexual Trauma and Reclaiming Your True Identity*. Colorado Springs: WaterBrook, 2015.

Oakley, Diana. *Intended Harm*. Orlando, FL: Legacy Publishing, 2012.

O'Branyll, Fiona. *A Bright New Place: Triumph After Trauma*. Bloomington, IN: Westbow, 2013.

Omartian, Stormie. *Just Enough Light for the Step I'm On*. Eugene, OR: Harvest House, 2008.

Restoring the Heart Ministries (www.rthm.cc). See *In The Wildflowers*, book and support material written by Julie Woodley, a ten-part DVD series focused on recovery from sexual trauma. It was produced in cooperation with the American Association of Christian Counselors (www.aacc.net). Call 1-800-526-8673 for more information.

Victim Service Centers: Search online to find one in your county or for sexual assault hotlines.

Suicide

Biebel, David B., and Suzanne L. Foster. *Finding Your Way after the Suicide of Someone You Love*. Grand Rapids: Zondervan, 2005.

Fine, Carla. *No Time to Say Goodbye: Surviving the Suicide of a Loved One*. New York: Doubleday, 1997.

Hsu, Albert. *Grieving a Suicide: A Loved One's Search for Comfort, Answers, and Hope*. Downers Grove, IL: InterVarsity, 2002.

Jamison, Kay Redfield. *Night Falls Fast: Understanding Suicide*. New York: Knopf, 1999.

Smolin, Ann, and John Guinan, John. *Healing After the Suicide of a Loved One*. New York: Simon & Schuster, 1993.

Websites and Hotlines:

National Suicide Prevention Lifeline 1-800-273-8255 (TALK). Call 24/7 365 days a year, including holidays, www.suicidepreventionlifeline.org.

American Foundation of Suicide Prevention, www.afsp.org.

QPR Institute, www.qprinstitute.com. Offers suicide prevention training and a free e-book, *Suicide: The Forever Decision*.

The Hope Line 1-800-394-4673 (HOPE). Hope Coaches are available 24/7, www.thehopeline.com.

Hope for the Heart 1-800-4673 (HOPE). Hope Care Representatives offer real answers for real people, www.hopefortheheart.org.

Survivors of Suicide, www.survivorsofsuicide.com. Offers links to help find support groups.

To Write Love on Her Arms, www.twloha.com, A non-profit movement dedicated to presenting hope and finding help for people struggling with depression, addiction, self-injury, and suicide.

www.ingramcontent.com/pod-product-compliance
Lightning Source LLC
Chambersburg PA
CBHW050352100426
42739CB00015BB/3369